〈新版〉実戦・日本語の作文技術

本 多 勝 一

朝日文庫

本書は、一九九四年十月に朝日新聞社より刊行された朝日文庫『実戦・日本語の作文技術』の新装版です。

固有名詞、肩書などは基本的に執筆時のままとしました。

はじめに

前著『日本語の作文技術』は、単行本・文庫版ともに長期にわたる増刷がつづき、日本語をめぐる周辺にいささかの貢献ができたかと、読者のご支持に心から感謝いたします。（編集部註・二〇一五年に『〈新版〉日本語の作文技術』〈朝日文庫〉が刊行）

その後、この〝作文原理〟をさまざまな場で実践し、あるいは既存の原理に対する他流試合的「実戦」で憎まれ役をかったりして検証してきました。現在までのところこの作文原理は、末梢部分は別として基本的には検証・追試に耐えることができたのではないかと思います。ここに刊行する実戦編の「前編」では、そうした追試の実例として雑誌などで発表した論文・雑文を編集しました。そして「後編」では、そのような作文論・技術論を離れて、日本語をめぐる情況への批判を中心とするエッセイを収録しました。

想えば前著『日本語の作文技術』は、新宿の「朝日カルチャーセンター」で一九七四年にやった市民講座を本にしたものですから、以来すでに二〇年にもなります。その後この続編を刊行する件について、朝日文庫編集部から強くすすめられていたのですが、多忙ということのほかに次のような心づもりがあったため、つい延引して今日にいたった次第です。

すなわち、前著『日本語の作文技術』は、おおまかにいうと「技術編」と「文章読本編」に分けることができます。第七章（段落）までが前者、第八章（無神経な文章）からあとが後者ということになりましょう。いっぽう本書では、「前編」は前著の応用編あるいは実践編・実戦編であり、「後編」には文章読本的なものもあります。したがって内容にそくして分ければ、前著の「技術編」と本書の「前編」とをあわせるのが適当です。したがって前著の残りの部分と本書の「後編」は別の一冊とするのが適当ではないか。いずれ改訂・新版とする機会に、そのように解体して再編したいと思っていたのです。

しかし時がたつにつれて、これはまずいと考えざるをえませんでした。というのは、前著の増刷スピードが全く下降せず、すでに数十万部に達しているため、ここで解体再編して「新版」とすれば、前著を買った読者に二重売りを強いる結果になります。何としてもこれは避けたいと思った結果が、続編としての本書『実戦・日本語の作文技術』となりました。したがってこれはあくまで前著の〝作文原理〟の応用編であって、ここにまた新しく別の原理を持ちだすわけではありません。

本書の構成について説明しておきましょう。前編の冒頭論文「読点《コンマ》の統辞論」は、前著のなかで核心部分となっている第三章（修飾の順序）と第四章（句読点のうちかた）を簡潔にまとめ、前著を復習・確認する役割をはたします。つづく第二章「『わかりやすい』ということ」から第五章「『テンの二大原則』実戦編」までは、一九七九年に横浜市の「朝日カルチャーセンター」でやった四回の短期講座のうち、応用編にあたる部分です。あとはさまざまな分野での文章に対して前著の作文原理を応用してみた検証あるいは分析といえましょう。そして後編は前述のとおりです。

本書の題名を「実践」か「実戦」かで迷いましたが、原理が先にあって作文をしてゆく「実践」よりも、すでにあるものに対して分析あるいは挑戦する意味が強いので、あえて「実戦」としました。

一九九四年　著者

〈新版〉実戦・日本語の作文技術●目次

〈新版〉実戦・日本語の作文技術

■凡　例

一、数字の表記は四桁法（日本式）とし、三桁法（西欧式）を排します。たとえば――

× 五〇三、九八七、一四六円　× 五億〇、三九八万七、一四六円　○ 5億0398万7146円

○ 五、〇三九八、七一四六円　× 503,987,146円　× 5億0,398万7,146円

○ 五億〇三九八万七一四六円　○ 5,0398,7146円

（理由は拙著『しゃがむ姿勢はカッコ悪いか？』〈朝日文庫〉収録の「数字表記に関する植民地的愚挙」参照。）

二、人名はすべてその人物の属する国の表記法の順序そのままで使います。たとえばイギリス人やフランス人は「名・氏」の順ですが、日本人や中国人やベトナム人は、たとえフランス語やイギリス語の文中であっても「氏・名」の順です。現に中国も韓国もカンボジアもこれを実行しています。（理由は拙著『殺される側の論理』〈朝日文庫〉収録の「氏名と名氏」参照。）

三、「The United States of America」は「アメリカ合州国」と訳し、「合衆国」とは書きません。（ただし、「合衆国」が誤りだと主張するわけではありません。理由は拙著『アメリカ合州国』〈朝日文庫〉の「あとがき」参照。）

四、ローマ字は日本式（いわゆる訓令式）とし、ヘボン式を排します。（理由は『しゃがむ姿勢はカッコ悪いか？』収録の「ローマ字は日本式でなければならない」参照。）たとえば――

shi → si, shō → syô, chi → ti, tsu → tu

五、外国語のわかち書き部分をカナ書きにする記号は、ナカテン（・）を排し、二重ハイフン（＝）とします。（理由は拙著『日本語の作文技術』〈朝日文庫〉第四章で述べた使用法とわかち書きとの混用を避けるため。）たとえば――

× ホー・チ・ミン、ジョン・F・ケネディ、毛沢東の三人

○ ホー＝チ＝ミン・ジョン＝F＝ケネディ・毛沢東の三人

六、数字表記は原則として左のようにします。

○ 三七〇六メートル五七センチ　○ 一〇人余

× 三千七百六メートル五十七センチ　× 十人余

しかし下のようなときは数字よりも言葉とみて例外とします。――六、七百人　十余人　十数人　数十人

七、BとVをカナで区別する字として、ワ行で次のように一字で表記し、ヴァヴィ……は使いません。（ただし「ベトナム〈ヹトナム〉」のように慣例化したものを除く。）

BA BI BU BE BO →バビブベボ　VA VI VU VE VO →ヷヸヴヹヺ　WI WE →ヰヱ

〈前編〉実戦・日本語の作文技術

一、読点《コンマ》の統辞論——日本語のテンについての構文上の考察

わかりやすくて論理的な文章を書くための技術を、いわゆる文章読本の類ではなくて、むしろ科学技術的に考えるとき、その核心をなすものは構文上のテン（読点《とうてん》＝イギリス語のコンマ）である。ここに単純化をこころみたテンの二大原則は、日本語のすべての文章に適用でき、作文のみならず他言語との機械的互換性にも応用できることを期待するものである。

1　はじめに

日本の国語教育界は、小学校から大学までの全課程を通じて、構文論についての考察が少ない。私自身の体験をふりかえってみても、小学校の作文教育では先生が「よく書

けました」とか「ここをもう少しくわしく」とか感想を述べるほかは、漢字を直すていどだった。中学で習った文法は品詞論が中心であって、実際の作文にもっとも重要な構文論はほとんどなく、あってもきわめて不完全だった。高校では古文解釈や現代文鑑賞に中心が移り、書くための実践上の技術からはむしろ遠のいた。大学は理科系だったので一切無縁となった。しかし、国民のだれしも大なり小なり作文と無関係ではない以上、作文技術の根幹ともいえる構文論は中学までの義務教育でこそ重視されるべきではないかと思う。

私の場合は職業として新聞記者を選んだためもあり、伝達の手段としての言葉を活字によってあらわす場合、どうすれば誤解されずに読者に意図が伝わるかについて、言いかえれば「わかりやすい文章」について、さまざまな現場で考えさせられてきた。その結果、きわめて単純な構文上の原則さえも学校では教えられていないことに改めて驚くとともに、他方イギリス語については中学生のうちから「語順」や「コンマのうち方」がかなり厳密に教えられている事実にほとんど愕然《がくぜん》とさせられた。やや刺激的な言い方をすれば、これは一種植民地的日本語教育ではないかとさえ思われる。

では、「わかりやすい」ための作文技術とは何か。とくに構文上のそれは何か。これには多くの問題点があるものの、もっとも初歩的かつ中心的部分は「語順」と「句読点」にあると考えるにいたった。「わかりやすい」ということは、同時に論理的であることを意味する。ここで集中的に論ずるのは、この「語順」と「句読点」の中でもこれまでとくに考察がおろそかにされてきたと思われる読点の役割についてである。わかりやすく論理的な作文技術を考える上で、じつはこの「おろそかにされてきた」読点こそ、語順と句読点の中でもさらに核心となる部分ではないか。本稿はこのような問題意識にたって考察された。

なお、ここで追究した読点の統辞論は、日本語の読点にとどまらず、他のすべての言語の文章化に際しても共通の原則として通用するのではないかという仮説を考えているが、まだその検証の余裕がない。いずれさまざまな言語の専門家のご協力・ご教示を得たいと思う。

2　日本語の語順

読点（以下「テン」と書きあらわす）の原則を考えるに際しては語順の問題が密接に関連するので、まず日本語の一般的語順について述べておかなければならない。この語順も含めて、本稿でいう原則はあくまで「わかりやすい」ためのものであるから、原則にはずれているからといって必ずしも非文法的になるというわけではない。

まず日本語の語順の**基本原則**として次の二点がある。

Ⅰ　述部（動詞・形容詞・形容動詞）が最後にくる。

Ⅱ　形容する詞句が先にくる（修飾辞が被修飾辞の前にくる）。

この二大原則のほかに、単に「わかりやすい」ための語順として次の二点がある〔注1〕。

Ⅲ　長い修飾語ほど先に。

Ⅳ　句を先に。

以上の四原則のうちⅠとⅡは説明を要しないと思うので、ⅢとⅣについてかんたんに説明しておきたい。

1a　東京都立航空工業高等専門学校の生徒

b　熱心な生徒

c　いい生徒

前の三つの例で「生徒」にかかることばをまとめて一つにするとき、順序は次の六通りある。

2a　東京都立航空工業高等専門学校の熱心ないい生徒
　b　東京都立航空工業高等専門学校のいい熱心な生徒
　c　熱心な東京都立航空工業高等専門学校のいい生徒
　d　熱心ないい東京都立航空工業高等専門学校の生徒
　e　いい東京都立航空工業高等専門学校の熱心な生徒
　f　いい熱心な東京都立航空工業高等専門学校の生徒

以上の中で語感上もっとも抵抗感が少ないばかりか、わかりやすく誤解が少ないのは2aであろう。2aは物理的に単に「長い順」に並べたからである〔注2〕。

しかし、もし1bが次のように句による例だったらどうだろうか。

3a　遠くから通学している生徒
　b　家の裏道を通る生徒

これを長い順にして2aにあてはめてみると――

4a　東京都立航空工業高等専門学校の遠くから通学しているいい生徒
b　東京都立航空工業高等専門学校の家の裏道を通るいい生徒

右の二例を次の二例と比較してみる。

5a　遠くから通学している東京都立航空工業高等専門学校のいい生徒
b　家の裏道を通る東京都立航空工業高等専門学校のいい生徒

つまり、5は長い順の原則に反して短い修飾語が先にきているにもかかわらず、むしろ誤解が少なくわかりやすい。これがⅣの原則である。とくに4bは親和力が働くため「家」が「……学校」の家であるかのようにとられる。句になると句内部の文節の結合力と外部との親和力とが競って、ことばによっては外部との親和力の方が勝ってしまうためであろう。しかし句でも相対的に非常に短ければ「長い順」のままでも不自然ではない。たとえば「顔が丸い」を1bのかわりに使って比べてみると――

6a　東京都立航空工業高等専門学校の顔が丸いいい生徒
　b　顔が丸い東京都立航空工業高等専門学校のいい生徒

語感としてはむしろaの方がいいかもしれない。だからⅢ（長い順）とⅣ（句を先に）のどちらを優先するかは、あまり機械的に決めることはできないが、長さに大差がない修飾語であれば一般にⅣの原則を優先する方がわかりやすいことが多い。

3　テンの二大原則

テンの役割を考えるとき、まず「必要なテン」と「テンがなくともよいか、または既存の他の記号でも差支えないテン」とを分けて考えなければならない。構文上本当に必要なテン、なくてはならぬテン、それなしには言葉の伝達が困難になるか誤読される恐れのあるテンを残して他のテンを排除してみれば、それが原則としてのテンであることがわかる。

さまざまな場合について検討した結果、構文上真に必要なテンは次の二原則に尽きるのではないかという結論に達した。

第一原則。長い修飾語が二つ以上あるときその境界にテンをうつ（略して「長い修飾

語の原則」)。

たとえば――

7　AがBをCに紹介した。

これはテンを必要としない。ところがこのABCに次のような長い修飾語をつけてみる。

イ　何も事情を知らない軽薄きわまるA
ロ　思っただけでもふるえるほど大嫌いなB
ハ　私の小学校から高校を通じて親友のC

これをそのまま7にはめこむと――

8a　何も事情を知らない軽薄きわまるAが思っただけでもふるえるほど大嫌いなBを私の小学校から高校を通じて親友のCに紹介した。

これではわかりにくい。こういうときはＡＢＣの境界に当たる二カ所にテンをうつ必要がある。

８ｂ　何も事情を知らない軽薄きわまるＡが、思っただけでもふるえるほど大嫌いなＢを、私の小学校から高校を通じて親友のＣに紹介した。

ついでにもう一つ、次のような修飾語を加えてみよう。

ニ　いかにも気のきいたことをやったつもりで（紹介した。）

そうすると四つの長い修飾語になるから、その境界として三つのテンが必要だ。

８ｃ　何も事情を知らない軽薄きわまるＡが、思っただけでもふるえるほど大嫌いなＢを、私の小学校から高校を通じて親友のＣに、いかにも気のきいたことをやったつもりで紹介した。

つまり数学的に一般化すれば、n個の長い修飾語があるときは（n－1）個のテンが必要になる。

なお重文の境目にうたれるテンもこの第一原則によるものであることを実例で示しておく。

9　途中のエネルギー補給用として飯盒一杯の牛乳を私たちはいただき、いらないというおばさんにわずかばかりのお礼を渡して出発した。（本多勝一『旅立ちの記』一九八二年）

右のテンは第一原則によるものである。もし「出発した」を削って「渡した」で終われば、この文はそのまま重文になるが、テンの原則に変わるところはない。反対に重文をまとめて二つの修飾語にしてみよう。

10a　愛するものは与えるが故に富み、愛を受けるものは受けるが故に富む。（小泉保『日本語の正書法』〈一九七八年〉の例文に引用された有島武郎『惜みなく愛は奪う』）

これは「富む」という一つの述語に統一することによって、二つの長い修飾語による第一原則のテンとまったく変わらぬことがわかる。

10b　愛するものは与えるが故に、愛を受けるものは受けるが故に富む。

第二原則。語順が逆になったときにテンをうつ（略して「逆順の原則」）。

これは前項の「日本語の語順」の四原則と密接に関連する。ⅠからⅣまで順に説明しよう。

(1)　**語順Ⅰの逆順**

11　太郎が死んだ。

これを逆順にすれば——

12 死んだ太郎が。

となるが、これでは非文法的になる。そこでテンを加えると——

13 死んだ、太郎が。

となり、この種の表現は珍しくない。たとえば——

14 あいつか、君のいうペテン師とは。

15 サルトルが拒否した、ノーベル賞を。

(2) 語順IIの逆順

16 あのかわいそうな孤児。

これを逆にすれば――

17　あの孤児かわいそうな。

これも次のようにテンを加えないと非文法的になろう。

18　あの孤児、かわいそうな。

この種の例もよくみられるが、構文としては特殊な、感嘆や強調のときに限られる。

19　あの夕焼け、きれいな。

20　例の男を知っているかね、チョビひげの。

以上二つの逆順は日本語の基本原則にかかわることなので、実際面でも問題にならぬほど当然とされているテンであろう。しかし次の二つの逆順は、重要でありながらあまり認識されていない「必要なテン」である。

(3) 語順Ⅲの逆順

第一原則で使った例文で説明しよう。7・8から長短まぜて次のように変形してみる。

21 a 何も事情を知らない軽薄きわまるA
b 私の大嫌いなB
c C

このまま並べるとⅢの「長い順」だから次のような文になる。

22 何も事情を知らない軽薄きわまるAが私の大嫌いなBをCに紹介した。

すなわち順当な並び方だからテンはいらない。ところが、もし「Cに」を冒頭にもってきたらどうだろうか（何らかの理由でその必要があった場合とする）。

23　Cに何も事情を知らない軽薄きわまるAが私の大嫌いなBを紹介した。

こうなるとたちまち読みにくく、つまりわかりにくさが増大する。逆順だからである。こういうときに「Cに」のあとにテンが必要になってくる。

24　Cに、何も事情を知らない軽薄きわまるAが私の大嫌いなBを紹介した。

このタイプの文章はたくさんみられる。そのもっとも多い例は題目語が冒頭にくる場合であろう。

25　私は、明日はたぶん大雨になるのではないかと思った。

右の文で「私は」のあとにテンが必要なのは、単に逆順の原則だからである。それ以外の理由は一切ない。「題目語だから」などという理由もまったくない。「長い順」にしてテンを除けば次のようになる。

26　明日はたぶん大雨になるのではないかと私は思った。

　このいわば原形に対して、題目語を先に示したいという筆者の意志でそれを冒頭にもってくれば逆順になり、テンの必要が生ずる。きわめて機械的であり、単純なことにすぎない。一般に題目語は先に示したいことが多いからこのタイプが多くなるのであろう。題目語がいくら冒頭にきても、他の修飾語が短ければむろんテンはいらない。たとえば――

27　私は雨だと思った。

　これだと「私は」も「雨だと」も同じくらいの短い言葉として述語（思った）にかかるので逆順にはならない。

　このような場合、よく「主述関係を近づけよ」という作文指導がある。26の例でいえば、「私は思った」は「主語と述語を直結したから改良された」といった説明だ。しかしこれは**いわゆる「主述関係」とはまったく無縁であって、あくまで長短関係にすぎない**。このことは「私は」に次のような修飾語をつけて長くすればはっきりする。

28a　この地方の自然に長くなじんできた私は

比較のため26の「明日は……」を少し短くして――

28b　明日は大雨だと

こうしておいて、26に右のabをあてはめて順序を考えると――

29a　明日は大雨だとこの地方の自然に長くなじんできた私は思った。

b　この地方の自然に長くなじんできた私は明日は大雨だと思った。

つまりテンのない文としてはbの方が明らかにわかりやすい。しかしいわゆる「主述関係」からすればaの方がわかりやすくなければならないはずである。これはじつは当然であって、日本語の作文を考えるとき、わかりやすいための語順として**「主述関係」は百害あって一利もない**〔注3〕。

(4) 語順Ⅳの逆順

これも語順Ⅲと同様な意味でテンをうつ。第二項の例4は、したがって次のようにテンをうてばよい。

30 a 東京都立航空工業高等専門学校の、遠くから通学しているいい生徒

b 東京都立航空工業高等専門学校の、家の裏道を通るいい生徒

4 うってはならぬテン

以上の二大原則以外のテンは、構文上すべて不必要かまたは他の記号で置きかえが可能なテンである。いうまでもなく、不必要だからといって「うってはいけない」とか「うてば非文法的になる」というのではない。ただ構文上決してうってはならぬテンは

ある。実例で説明しよう。

31　あらゆる革命組織で、いつでも右派と左派の対立が起きる。権力獲得以前の組織では、革命運動の進め方をめぐって、権力獲得後の組織では社会変革の進め方をめぐって、客観情勢の分析のちがいから、運動のテンポに関して異なる意見が出る。(『文藝春秋』一九七六年七月号)

問題は「権力獲得以前の組織では」のあとのテンであろう。この一文は次のような構造になっている。

イ　権力獲得以前の組織では
　　革命運動の進め方をめぐって　}　↙
ロ　権力獲得後の組織では
　　社会変革の進め方をめぐって　}　↙
　　　　　　　　　　　　　　　　　　　出る
ハ　客観情勢の分析のちがいから　}　↘
ニ　運動のテンポに関して　}
ホ　異なる意見が　↘

つまり「出る」という述語に**イ**から**ホ**まで五つの修飾語が平等の次元でかかっている。だから第一原則に従えば、これら五つの境界に四つのテンを次のようにうてばよろしい。

32　権力獲得以前の組織では革命運動の進め方をめぐって、権力獲得後の組織では社会変革の進め方をめぐって、客観情勢の分析のちがいから、運動のテンポに関して、異なる意見が出る。

しかしながら上の中で**ニ**と**ホ**の境（「テンポに関して」のあと）は、**ホ**が短いことによる順当な語順なので、テンがむしろない方がよりよいといえよう。したがって残り三つのテン（**イロハニ**の境界）が第一原則による「必須のテン」となる。ところが原文では**イ**の中でさらに「組織では」のあとへテンをうったために、おかげで他の三つの「必須のテン」とはまったく次元の違うテンが混じりこんで構文上の論理を破壊してしまった。まさにこれは「ならぬテン」の典型である。

また、構文上の本来のテンと単なる分かち書きのためのテンや並列のテンとを混用すると意味不明になる。次の例は中国の漢字合理化案を紹介したものである。

33 そのやり方は①同じ音の字を一つにまとめる。例えば乾、幹↓干、藍、鑑↓兰
②ヘン（偏）をとって共通のツクリだけにする。例えば湖、糊、蝴、瑚、醐↓胡、
福、輻、蝠、幅↓畐など……（『朝日新聞』一九七七年一〇月九日朝刊）

ここではまったく次元の違うテンが羅列されている。第一のそれはもちろん本来のテンだから、たとえば①についてみると「干」のあとのテンだけだ（これはしかしマルでもよろしい。この部分は「文章」ではないとみれば、一字分あけて分かち書きにすることもできる）。そして第二のそれは、あとの二つのテン（「乾」と「藍」のあと）であって、これは本来ならナカテン（・）にすべきものである。だから改良すれば次のようになろう。

34 そのやり方は①同じ音の字を一つにまとめる。例えば乾・幹↓干、藍・鑑↓兰
②ヘン（偏）をとって共通のツクリだけにする。例えば湖・糊・蝴・瑚・醐↓胡、
福・輻・蝠・幅↓畐など……

この例などはナカテンの重要な役割を示している。この場合、もしナカテンがいやなら除いてつめてしまい、たとえば「乾幹↓干、藍鑑↓兰」としてもよい。いずれにしても本来のテンと混乱するようなテンは決してうっては「ならぬテン」である。

この例でもみられるように、短い単語の羅列にはナカテンを使った方が構文上のテンと混乱しなくてよいが、羅列であっても修飾語がつけば第一原則に従ってテンとなる。

もう一つ「うってはならぬテン」および「不必要なテン」の実例をあげておく。

35 わたしをつかまえて来て、拷問にかけたときの連中の一人である、特高警察のミンが、大声でいった。……(『世界』一九七五年六月号一〇五ページ)

右の一文にはテンが三カ所にうたれている。しかしこれまでに述べてきた統辞論からみるとすべて不必要なテンであろう。とくに二番目のテン(……一人である、特高……)は、不必要どころか決してうってはならぬテンである。なぜか。テンの前が終止形と同じ語尾の連体形であること、つまりここでマルとなっても語尾に変りはないことだ。だからこそ、マルと誤解されないためにも、決してうってはならない。ここで切って朗読してみるとその意味が理解されよう。しかしより重要な構文上の理由は、これがテンの原則の逆をやっている「反則のテン」であることだ。つまり主格の「ミン」にかかる修飾語は次の二つである。

イ　わたしをつかまえて来て拷問にかけたときの連中の一人である

ロ　特高警察の

この例の場合、「句を先に」「長い修飾語から先に」の二つの語順原則にあてはまり、したがってそのまま書き流さなければならない。これが逆になったときはじめてテンが「必要」になる。すなわち——

36　特高警察の、わたしをつかまえて来て拷問にかけたときの連中の一人であるミンが大声でいった。……

5　思想の最小単位としての自由なテン

以上まで検討したテンの原則は、あくまで構文上の必要・不必要という観点から論じたものである。しかしこのほかにも原則以外の自由なテンが存在する。これこそ筆者の文体としてのテンであり、筆者の思想の最小単位を示すものとしてのテンにほかならぬ。「主観のテン」といってもよいが、ここでは「**思想のテン**」と略称しよう。強調であれ「ふくみ」であれ、筆者はそこにある意味をもたせてテンをうつ。これは「自由なテン」だとはいえ、「でたらめ」とか「いいかげん」なテンとは正反対の極にある。むしろ「文体」であり「思想」だからこそ考え抜かれたテンでなければなるまい。たとえば

---

37 a　母は去った。
　b　母は、去った。

右の二つの違いは説明するまでもないであろう。したがって「思想のテン」があまりに多くなりすぎると、一つ一つのテンの重みが減少して、テンがゼロの場合と同じ結果になってしまう。

38　その晩、三人で、牛肉の鍋をかこんだ。さうして、道也は、ほとんど一人で、

引きあげの仕事を「うそ」と、「まこと」を、おりまぜて、おもしろをかしく、はなした。その話しが、とぎれたとき、道也は、このやうな仕事は、そのうちに、やめて、「うち」を、もつつもりだ。「そのときは、をばさんも、一しよに、来てくれませんか、……そのときは、ぼくは、東京で、くらすつもりです、」といった。（渡辺三男『日本語の表記と文章表現』〈一九六二年〉で引用された宇野浩二『うつりかはり』から）

いうまでもなく、作品の中である部分だけこうした方法をわざととることもあろう。セカセカした気分を出すときなどよいかもしれない。しかし一般的には、これはテンがまったくない場合とあまり変わらなくなってしまう。強調したいところをゴチックにするうちに、全部強調したくなって全文ゴチックにしたら、ゴチックがまったくない場合と同じことになる。「思想のテン」のうちすぎも同様である。

6　検証

以上によって明らかにされた構文上のテンの二大原則を、これまでに提出されているテンの原則について検証するかたちで確認してみよう。さまざまな提案があるが（注

4〕、ここでは文部省教科書局調査課国語調査室が一九四六年に基準案として示したテンの使い方（文化庁国語課国語研究会編「国語表記実務必携」収録）を検討してみる。この案に示された文部省の句読法でのテンは一三カ条あり、それぞれに例文がついているので、以下に片端から検証してゆく。

一、テンは、第一の原則として文の中止にうつ（例①）。

①　父も喜び、母も喜んだ。

〈**検証**〉重文の典型。→第一原則。

二、終止の形をとっていても、その文意が続く場合にはテンをうつ（例②③）。ただし、他のテンとのつり合い上、この場合にマルをうつこともある（例④）。

〔附記〕この項のテンは、言わば、半終止符ともいうべきものであるから、将来、特別の符号（例えば「〻《シロテン》」のごときもの）が広く行われるようになることは望ましい。用例の〔参照一〕は本則によるもの。また〔参照二〕は「〻《シロテン》」を使ってみたもの。

②　父も喜んだ、母も喜んだ。

③　クリモキマシタ、ハチモキマシタ、ウスモキマシタ。

〈検証〉いずれもテンである「必要」はないので、原則ではない。しかし筆者の主観としてであれば「思想のテン」としてご自由に。

④　この真心が天に通じ、人の心をも動かしたのであろう。彼の事業はようやく村人の間に理解されはじめた。

〔参照一〕この真心が天に通じ、人の心をも動かしたのであろう、彼の事業は……

〔参照二〕この真心が天に通じ、人の心をも動かしたのであろう、彼の事業は……

〈検証〉重文。──→第一原則。

三、テンは、第二の原則として、副詞的語句の前後にうつ（例⑤⑥⑦）。

その上で、口調の上から不必要のものを消すのである（例⑤における（、）のごときもの）。

〔附記〕この項の趣旨は、テンではさんだ語句を飛ばして読んでみても、一応、文脈が通るようにうつのである。これがテンの打ち方における最も重要な、一ばん多く使われる原則であって、この原則の範囲内で、それぞれの文に従い適当に調節するのである（例⑧⑨⑩⑪）。

なお、接続詞、感嘆詞、また、呼びかけや返事の「はい」「いいえ」など、すべて副詞的語句の中に入る（例⑫⑬⑭⑮⑯⑰⑱）。

⑤　昨夜、帰宅以来、お尋ねの件について（、）当時の日誌を調べて見ましたところ、やはり（、）そのとき申し上げた通りでありました。

⑥　お寺の小僧になって間もない頃、ある日、おしょうさんから大そうしかられました。

⑦　ワタクシハ、オニガシマヘ、オニタイジニ、イキマスカラ、

⑧　私は反対です。

⑨　私は、反対です。

⑩　しかし私は、

⑪しかし、私は……
⑫今、一例として、次の事実を報告する。
⑬また、私は……
⑭ただ、例外として、
⑮ただし、汽車区間を除く。
⑯おや、いらっしゃい。
⑰坊や、お出で。
⑱はい、そうです。

〈検証〉⑦までの例はまったく無意味。「副詞的語句」であろうとなかろうと、第一原則として必要があるときうてばよいだけ。⑧から⑮まではすべて不必要だが、これも主観によって「思想のテン」をうちたい筆者であれば「自由なテン」としてうてばよい。⑯〜⑱は構文上テンである必要はなく、マルや感嘆符でもよい。むろんテンでもよいが、原則ではない。

四、形容詞的語句が重なる場合にも、前項の原則に準じてテンをうつ（例⑲⑳）。

⑲ くじゃくは、長い、美しい尾をおうぎのようにひろげました。
⑳ 静かな、明るい、高原の春です。

〈**検証**〉完全に無意味。例文のテンは全部なくてよろしい。ただし⑲の最初のテンだけは第二原則（逆順）を適用してうってもよい。

五、右の場合、第一の形容詞的語句のあとだけにうってよいことがある（例㉑㉒）。

㉑ まだ火のよく通らない、生のでんぷん粒《りゅう》のあるくず湯を飲んで、
㉒ 村はずれにある、うちの雑木山を開墾しはじめてから、

〈**検証**〉㉑は第一原則。㉒は不要。むしろない方がよりよい（長い順に並んでいるから）。

六、語なり、意味なりが付着して、読み誤る恐れがある場合にうつ（例㉓㉔㉕㉖）。

㉓ 弾き終って、ベートーベンは、つと立ちあがった。
㉔ よく晴れた夜、空を仰ぐと、
㉕ 実はその、外でもありませんが、

㉖「かん、かん、かん。」

〈**検証**〉構文上ではなく、変な付着を防ぐためのテンはなるべく避ける方がよい。それによって構文のためのテンの論理的役割が侵害されるから。この例だと㉓が不要。㉔だと「……夜空を仰ぐ……」という意味にとられるおそれがあるということだろう。この場合は本当は分かち書き（……晴れた夜　空を……）をしたいところだが、内容からみるとむしろ「思想のテン」としてうってもよいかもしれない。あるいは「……よる空を……」とか「……夜に空を……」「……夜そらを……」とする方法もある。場合によってはマルでもよい。ただこの場合、「夜」と「仰ぐ」の間に「空を」がはいっているため第一原則が弱いながら作用し、テンがあっても構文上それほど不自然ではなくなっている。前後にどんな文がくるかによっても違ってくるだろう。いずれにせよ「必要」とはいえない。㉕は、テンよりもむしろ「実はその……外でもありませんが」とリーダー（点線）を使ってためらいを示す方がよい。㉖は原則としては不要だが「自由なテン」なら別。

七、テンは読みの間《ま》をあらわす（例㉖参照㉗）。

㉗「かんかんかん。」

〈検証〉前項と同じ理由で、むしろ避ける方がよい。

八、提出した語のあとにうつ（例㉘㉙）。

㉘秋祭、それは村人にとって最も楽しい日です。

㉙香具《かぐ》山・畝火《うねび》山・耳梨《みみなし》山、これを大和の三山という。

〈検証〉趣味の問題。むしろマルの方がよく、あるいは——（中線・長棒）でもよい。

九、ナカテンと同じ役目に用いるが（例㉚）、特にテンでなくては、かえって読み誤り易い場合がある（例㉛）。

㉚まつ、すぎ、ひのき、けやきなど

㉛天地の公道、人倫の常経

〈検証〉㉚はナカテンの方がよい。㉛は前述のように第一原則とからんでくるのでテンの方に傾く。しかしこのていどの長さだとまだナカテンでもよい。

十、対話または引用文のカギの前にうつ（例㉜）。

㉜　さっきの槍《やり》ケ岳《たけ》が、「ここまでおいで。」というように、

〈**検証**〉カギとテンは何の関係もない。この例でみると、もしテンをうつとすれば第一原則としての話にすぎない。

十一、対話または引用文の後を「と」で受けて、その下にテンをうつのに二つの場合がある（例㉝㉞㉟）。

「といって、」「と思って、」などの「と」にはうたない。

「と、花子さんは」というように、その「と」の下に主格や、または他の語が来る場合にはうつのである。

㉝　「なんという貝だろう。」といって、みんなで、いろいろ貝の名前を思い出してみましたが、

㉞　「先生に聞きに行きましょう。」と、花子さんは、その貝をもって、先生の

㉟　ところへ走って行きました。「おめでとう。」「おめでとう。」と、互いに言葉をかわしながら……

〈**検証**〉とくにとりあげるべき何の意味ももたない。この例文でみる限り要するに第一原則の問題にすぎない。

十二、並列の「と」「も」をともなって主語が重なる場合には原則としてうつが、必要でない限りは省略する（例㊱㊲㊳㊴）。

㊱　父と、母と、兄と、姉と、私との五人で、

㊲　父と母と兄と姉と私との五人で、

㊳　父も、母も、兄も、姉も、

㊴　父も母も兄も姉も、

〈**検証**〉完全に無意味。

十三、数字の位取りにうつ（例㊵㊶㊷）。

〔附記〕現行の簿記法では例㊵㊶のごとくうつが、わが国の計数法によれば、例㊶は㊷のごとくうつのが自然である。

㊵　一、（千）二三四

㊶　一、二三四、五六七、八九〇

㊷　一二、（億）三四五六、（万）七八九〇

〈検証〉これはまったく次元の異なる数字表記の問題だから論外だが、ここでいわれている内容は称賛に値する。㊵㊶のような植民地的三桁法をやめて、教科書その他でも㊷の四桁法を推進してほしい。

以上の検証によって、二大原則さえあれば文部省案の一三項もの基準は不要であることが理解された。すなわち構文上「必要」なテンはわずか二つの原則によって律することができる。

なお、五〇ページの〔注3〕でふれたことと関連するが、日本語は述語中心言語であって、すべての修飾成分は述語によって統括される。いわゆる「主語」も修飾部分のひとつにすぎない。したがって「主語」というような概念はこうしたテンの統辞論を考え

るうえでもむしろ有害であろう。電子計算機（略称「電算機」）の発達によって自動翻訳機に適した構文を探究するためにもこの考え方は有効と思われる。

（『季刊人類学』第一九巻第三号＝一九八八年九月発行）

〔注1〕「わかりやすい」ための語順としてはさらに次の二つがあるが、これはテンの原則と直接は結びつかないので省略した。「大状況を先に」「なじみの強弱（親和度）」――この二点については、くわしくは拙著『〈新版〉日本語の作文技術』（朝日文庫、二〇一五年）で説明した。

〔注2〕「長い順」の原則についてはすでに先人による指摘がかなりあり、たとえば岩淵悦太郎ほか『悪文』（一九六〇年）に引用されている奥田靖雄『正しい日本文の書き方』、佐伯哲夫『現代日本語の語順』（一九七五年）など。

〔注3〕「主述関係」ではなくて、修飾・被修飾の関係であればまた別である。なお「主述関係」は、現在大きな争点の一つとなっている「日本語に主語はあるか」とも関連するため、そのように根幹のまだ不安定な文法概念によりかからぬためにも重視しない方がよい。私自身は「主語はない」方を支持する。

〔注4〕テンのうち方の諸原則について触れたものには、文部省案のほかにもたとえば永野賢『学校文法概説』（一九五八年）、大久保忠利『日本文法と文章表現』（一九七四年）、大類雅敏『日本文学における句読法の研究』（一九七五年）などがある。なおここでとりあげた文部省案の原文は旧カナだが、本書ではこれを新カナの表記に統一したことをおことわりしておく。

二、「わかりやすい」ということ

国立大学が「共通一次試験」をやりだしたときのこと、その連鎖反応として、二次試験に論文形式の出題がふえました。そのまた連鎖反応として、高校や中学で国語の授業に作文が重視されはじめたそうです。さらにその連鎖反応なのかどうか、作文のための参考書がたいへん多くなってきた。

動機が「共通一次」であれ何であれ（私は一つのモノサシだけによる一億総ランキング化に通ずるこの「共通一次」に反対ですが）、作文が重視されること自体は良いことにちがいありません。けれども、作文教育はこれまでたいへん軽視されてきましたから、ちゃんとした作文の授業が義務教育や高校で行なわれるようになるまでには、かなりの時間がかかるでしょう。今のところはごく一部の先生だけが個人的に熱心にやっているだけです。

実際、皆さんもご自身の体験として考えてみて下さい。小学校から中学あるいは高校を通じて、なにか作文の技術のようなものを習ったことがあるかどうか。私の場合、これはもう改めて驚いたことに、一度たりとも習っていないのです。

たとえば小学校のころは、たしかに「綴り方」の時間がありました。しかし六年間を通じて、どの先生も「技術」は教えてくれませんでした。日本語（国語）の時間は、漢字を教えたり、単語の意味を調べたりがほとんどで、まれに文章全体をいくつかに区切ってみさせるていどの、要するに「理解」するための方法がすべてです。そして「綴り方」の時間は、その習った漢字や単語を、自分勝手に並べて文章にしているだけですから、まさに「自分勝手」の技術にすぎず、テンやマルをどこにうつべきか、単語はどういう順序にすべきか、いかなる先生も教えてくれません。書いて出すと、先生はいくばくかの評を書いてくれますが、それは「よく書けましたね」とか、「ここのところはもう少しくわしく書けばよかったね」とかいった印象批評や感想だけです。良い例があると、みんなの前で読んでくれたりします。それもしかし「うまい」からというだけで、どこが、どのように「うまい」のかは、内容について解説してくれることはあっても、構文や文章技術としては全くコメントなしでした。

中学にすすみますと、文語も口語も文法を教えられましたが、これがまた作文とは何の関係もないんですね。品詞に分解したり活用を暗記したりばかりで、それでも私は文法が比較的得意の方だったんですけれども、それによって文章が上達したことなど全くなかったと思います。(しかもこの文法たるや、実はまだ学問的に未完成のしろものだったことがのちになってわかってきたのですから、泣きつらに蜂のようなものです。)念のためおことわりしますが、漢字をいくら沢山おぼえても、またいくら古典を暗誦したり旧カナが書けたりしても、そんなことは作文の勉強には関係ありません。作文は技術であって、記憶力やクイズ式受験適応能力ではないのですから。

私たちは新制高校がスタートしたばかりの世代ですが、この学制改革によって作文はさらに一層虐待されるようになりました。つまり、大学入試を含めてさまざまな試験が片端から○×式に変っていったのは、このころからであります。

かくて大学を出るまでに、日本語の作文技術に類することは一カケラも習うことなく新聞記者に――こともあろうに作文を職業とする「新聞記者」に――なってしまいました。考えてみると、まことに恐るべきことといわねばなりません。皆さんの場合はいかがでしょうか。どなたか作文技術を学校で教えられた方がありますか。あったら手をあげてみて下さい。……やはり一人もないようですね。そのくせ外国語なんかだと、どこにコンマをうつべきか、なんてことを実にうるさく教えている。ところが肝腎の日本語では、小学校はもちろん、中学・高校でテンの打ち方をまともに教えることのできる日本語教師が、はたしてどれだけいるでしょうか。いや、これは先生方に責任のあることではないのですから、先生を責めているのでは無論ありません。問題はそのような恐るべき教育体制にある。

このような作文教育——いや、作文教育をしていないのだから「無作文教育」とか「作文無教育」「作文非教育」……何といったらいいのかわかりませんが、日本の日本語教育の根幹を流れる方針は、理解力や記憶力ばかり重視し、独創性・創造力・想像力を最も必要とする作文を軽視または無視するというやりかたです。これは政府・権力の命ずることをひたすら「理解」し、要領よく「まとめる」人間、つまり管理される人間と、それを管理する無能な役人を育てるのには適していますが、みずからの頭でものを考え、独創的な仕事をする人間を育てるのには適していません。文部省もよく考えているのには本当に感心します。だから今の小学校では「綴り方」の時間さえもあまりなくて、そのかわり「読書感想文」などというものがあるんですね。あれは作文というよりも理解力のテストみたいなもので、あれで作文をやったつもりでいたら噴飯ものというべきでしょう。おかげで読書も嫌いになる。

こうした作文「無教育」環境を反映してか、世にある文章作法・作文読本・文章読本の類は、ほとんどが創作論であり、「心がまえ」であり、文体論であって、作文の技術そのものではありません。専門家の著書に語順や句読点法の研究がありますが、これはまた正に「研究」であって、古文や名作を調べてみると統計的にこうなる、といった類の大論文です。これはこれでもちろん意味はあるものの、それでは実際に作文を書くときにどういう基本原則でやるべきかについては、どうもあまりよくわからない。その証拠に、そういった大論文の専門家たちの文章自体が、学ぶべき正確な原則をふまえた日本語で書かれていることは少ないのです。学ぶべき文章は、やはり大文豪の一部（決して大文豪がすべて良い文章を書くわけではない）の文章に多いのですが、かれらはまた「技術」を書こうとはしません。これは画家が一般に自分の画法技術を人に見せたがらないのとは事情が違うようです。多くの場合文豪たちはヤミクモに大量の文章を書くことによって、また恐らくもうひとつは才能も手伝ってようやく技術を身につけるにいたった。プロとしてその「芸道」をきわめるには参考になるかもしれませんが、われわれ凡才が学ぶ道としての技術は、かれら自身が知らないのであります。

この問題には、さきに申しました文部省的（権力側的・管理する側的）な背景のほかに、一種の文化論的背景もあるのかもしれません。過日故郷の伊那谷へ帰ったら、中学時代の旧友K君に会いました。このK君の親しいアメリカ人が、いま私の村に近い過疎部落に住みこんで、村人に尺八を教えています。大学で日本文化を専攻した人で、もう来日してかなりになるらしく、尺八は日本へ来てからむろん日本人の先生に教えられた。たいへん熱心に修業して、今ではもう、私はよく知りませんが柔道でいえば何段というような立派な腕前だそうです。ところがK君によりますと、このアメリカ人の尺八の「教え方」が実にうまいというのですね。K君自身も尺八をやるのですが、このアメリカ人の教え方と日本人の先生のそれとどこが違うか。これは尺八に限らず「芸道」にはよくあることですが、日本人の場合まずリクツ抜きに先生によく密着して、とにかく自分でもヤミクモに練習し、「やっているうちに何とかなる」という〝秘伝〟方式だ。ところがこのアメリカ人だと、リクツ抜きじゃなくて反対にリクツ主義（？）とでもいいますか、とにかく「技術」として、どこがどう悪い、指がどうの、口の当て方がどうのと、具体的に、合理的に、すべて説明のつくものとして教える。その結果、アメリカ人に尺八を習う方が早く上達するというのです。

なるほど。これは大変ありそうなことだと私は思いました。しかし、超名人級になるのに、はたしてどちらの方式が「良い」かとなると、かなりむずかしい問題になってきます。これは日本文化の根底にかかわることかもしれません。私はここで「どちらが良いか」を言っているのではなく、少なくとも「趣味」として一応の水準にまで尺八をやってみたいというていどであれば、おそらくアメリカ人方式の教え方のほうが上達が早いだろうという点に注意しているのであります。

作文にしても、なにか「文章道の奥義をきわめる」とか「大文豪になる」つもりの人にとってどういう学び方がいいかとなると、これは私にはもう手に余る問題で、こうした講座であつかう対象ではないでしょう。私のいう作文というのは、とにかく単純明快、**読む側にとってわかりやすい文章を書くこと**、これだけが到達すべき目標のすべてです。趣味の随筆であれ小論文であれ手紙であれ受験の答案であれ記事であれ、読ませる相手のある文章で、かつ「芸術作品」というような凝《こ》ったものではないものが、一応の水準まで書ければいい。だからひねくった「高級な」文章を書きたいと思う方には何の役にも立たないでしょう。

『文芸教育』という季刊誌を主宰し、作文教育の分野ではよく知られている西郷竹彦さんと最近お話しする機会がありました。そのときの西郷さんにこんな言葉があります。

——

西郷　たとえば、説明文が教材としてあります。説明文は何かを説明してある文章です。それをどういうふうに授業するかというと、正しく読むこと、つまり読解です。字引きを引きながら、段落に分けて、この段落ではどういうことが書いてあるか、次はどうか、全体で筆者が言いたいことは何かということを正しく読みとる。これで終りなんです。それに対してわたしは、説明文というものは本来読めばわかるものでなければいけない。説明というのは、筆者がわかるように説明しているはずですから。ところが今までの学校教育のなかで使われている教科書の説明文は、五年生の子どもが五年生の国語の教科書の説明文を読んでわからないのです。まず難語句がいっぱい出てくる。ですから、指導の最初に難語句しらべというのがあるんです。字引きを引かなければ読めない文章が出てくるわけですね。そういう文章でことばを教えたりするのだというたてまえなのです。ところが一方では、わかるように書けと、子どもには言うわけです。ところが教科書に載っている説明文は、字引きを引きながらでなければわからないような、そして、ここととこがどういうつながりになっているか、一所懸命に考えなければつかみにくい文章なんですね。これは悪文だと言うんですよ、わたしは。(中略)

どんないいことが書いてあっても、五年生の子ども(読者)にとって、説明をしなければわからない説明文は悪文だ。そういう悪文を教材にすることに、まず間違いがあるのではないかと思いますね。五年生の子どもが読んでおもしろくて、なるほどとわかるもの、極端にいえば一回読んで。そういうものを教材として載せろと言うんですが、そうすると、授業することがないと言うんですよ。

本多 なぜこんなにわかるのか、それを授業すればいいでしょうに。

西郷 そうなんですよ。そのとおりなんです。同じことを言ってくださって、うれしくなりますね。（中略）なぜこんなにおもしろいか。おもしろさにはいろいろありますが、ここにも筆者のなみなみならぬ工夫があるはずだ。それはただ見てるだけではわからないから、ちゃんと考えてとらえる。学ぶ。

本多 それがほんとうの技術ですね。

西郷 そうです。それが説明文指導ということになるのではないかと言うんですが、そうなっていません。（中略）

本多 文部省的視点からいえば、そんなことをされては困るのでしょうが、それ以前に現場の先生たちが、まずそういう教育を受けていないということはどうでしょう。そうすると、コトはたいへんむずかしくなってくるんですよ。ものすごく優秀な先生でないとできないんじゃありませんか。先生自身がそういうことを教育されていないから、教えられないということはありませんか。

西郷　そうです。わたしは教科書の編集にタッチしておりますが、根本的に改革しようとするんですが、なかなか大変なんですよ。

本多　先生の先生がいりますね。

西郷　ええ。そういう教科書を作るとすると、先生が勉強しなければならなくなります。自分がわかったことをそのままやればよかったものが、教科書が根本的に変わってくれば、先生自身が勉強しなければいけないでしょう。今までは、五年生が読む説明文は先生にはわかったわけです。それはそうでしょう、五年生にはむずかしくても。ですから、教室に行ってから授業ができた。ところが五年生がサッと読んでわかる教材となると、筆者の工夫というようなことは、教師も勉強しなければならないですね。でもそれでいいではないか。教師は一方的に教えるのではなくて共に学べと。

（季刊『文芸教育』第二四号から＝巻末付録に全文収録）

ここで西郷さんのいわれている内容は文章の構成や比喩のやり方といった面も含んでのことですが、作文技術の上でもこれは当然です。「なぜわかりやすいか」を生徒にわかりやすく説明できる小・中学校の先生が少ない。しかし一方、たいへん熱心な先生がごく一部におられることは、私自身も具体的に知っております。さきほど、「作文技術」を私に教えてくれた先生は小学校から大学まで一人としていなかったとか、専門学者や文豪もダメだとか申しましたが、恐らく最も熱心で適切な先生は、高校・中学あたりで「個人的に」この分野に力を入れている日本語教師だと思います。作文教材用の本を出している人もある。ただ、そういう先生はあくまで例外的存在ですから、あまりにも数が少なく、とても一般化して論ずることはできません。私自身もついにそういう先生にはめぐりあえませんでした。（ただ、日本語文法といった「国語教師」としては、中学・高校のころいい先生から学んだと思いますが。）

ところが、大学生のときに特殊なかたちで文章技術の一部を教えられたことがあります。それは日本語だの外国語だのといった授業ではなくて、クラブ活動に関連してでした。どういうことかと申しますと、私たちが創設した「探検部」（京大）には顧問になっていただいた先生が五、六人いたわけですが、その一人に梅棹忠夫氏（のちの国立民族学博物館館長）がいました。梅棹氏は探検歴の豊富な方ですし、大学のすぐ近くに家もあったものですから、私たちはよくお宅を訪ねて、時には夜明けまで議論したり雑談したりしていたものです。その雑多な話題の中に、文章技術だのローマ字論だの日本語論だのがありました。ですから私の『日本語の作文技術』の中には、もとをたぐればそのころの梅棹サロンに行きつくものがかなりあるかもしれません。

それにしても、考えてみれば当時の梅棹氏は私のいた大学の先生ではなく、大阪市立大学の助教授でした（のちに京大教授）。私たちにとっては、あくまでクラブ活動での顧問ですから、大学で教えられたことにはなりません。となりますと、やはり私は「小学校から大学まで」一貫して「作文技術」は教えられなかったと思いますし、皆さんもほとんどそうではないかと存じます。こう見てきますと、むしろ本当の作文技術を教えているのは、日本語教育の分野では反主流か非主流の人たちだともいえるようです。

以上で「序文」にあたる前口上は終りにします。ここでひとつ「おことわり」を申上げておかなければなりません。つまり、これから私がお話しする内容の基本的考え方は、すでに発表されたものであるということです。それはやはり「朝日カルチャーセンター」（新宿）で講義をして、いま単行本『日本語の作文技術』としてまとめられていますから、皆さんの中にもお読みになった方があるかもしれません。あの本の中で「技術」として最も重要な部分は第二章（修飾する側とされる側）、第三章（修飾の順序）、第四章（句読点のうちかた）の三つですが、このうち第二章（修飾する側とされる側）

は私の本でなくてもよくいわれていることで、とくに珍しい指摘でもありません。したがって私が重点的に申上げたいのは「修飾の順序」と「句読点のうちかた」（とくに読点）の二つであります。この二つさえ一応のレベルに達すれば、皆さんの文章はたぶん今の何倍も良くなるに違いありません。

最後に、作文（書くこと）の上達をめざしてここに来られた皆さんに、ルネッサンス時代のイギリスの政治家で哲学者・フランシス＝ベーコン（一五六一——一六二六）のこんな言葉をお贈りします。

「人は読書によって知識が豊富になり、会話をかわすことによって能弁になり、書くことによって正確になる」（塚本憲・訳）

ベーコンは忘恩の徒であったり、汚職収賄の罪で議会から弾劾されたり、結局は反動政治家を育てた人物のようですが、右の言葉には普遍性があり、とりわけ「書くことによって正確に」は、作文を学ぶ者にとって傾聴すべきものがあると思います。私もたとえば『日本語の作文技術』自体がそれでした。あの本（朝日文庫版）の「あとがき」で告白したように、カルチャーセンターで連続講義をやったとき、第一回でつまずいたので、二回目からは事前にすべて原稿に書くことで切りぬけたわけです。その結果として、いくつかの重要な原則を拾いだすことにもなりました。自分自身よく納得できない問題があったら、それを書きながら考えてみることをおすすめします。

（横浜「朝日カルチャーセンター」の講義から）

三、かかる言葉と受ける言葉――「直結」の原則

さきに「修飾する側とされる側」については「よくいわれていることで、とくに珍しい指摘でもない」と申しましたが、しかし作文技術の上で重要なことには違いありませんから、簡単に一応ふれておきたいと思います。

一言でいえば、「かかる言葉と受ける言葉はできるだけ直結せよ」というだけのことであります。しかしこの「だけのこと」が、なかなか実行されないのですね。次の章の「かかる順序」も含めて、こうした問題に私が関心を抱きはじめたのは、新聞社に就職して最初「校閲部」にいたときです。正式には、私のカケダシ記者としての最初の職場は北海道でしたが、その前に半年ばかり東京本社の校閲部で働いていた時期があります。校閲部とは何をする部かと申しますと、まず第一に新聞のゲラ刷りの校正です。これは

本でも雑誌でも同じことで、要するに活字拾いの段階での間違い直し。どなたもご存知の通りであります。そしてもうひとつの重要な役割が、校閲の「閲」に当る仕事なんですね。これは権力が記事内容を検閲するということではない。単純ミスを直すだけの校正ではなく、文章のわかりにくいところを直したり、内容の間違い——たとえば「エスキモーの分布はアラスカとカナダとグリーンランド」と書かれた記事があったら、いや、シベリア東部にもいるといった訂正もやることでして、これは徹底してやりだしたら底なしに大変な仕事であります。もちろん第一の責任は書いた記者にあることですが、世の中に間違いの一つもない記事を常に書ける記者というものは、もう「絶対に」ありえません。どんな大学者・大記者・大文豪・大評論家といえども同じです。別の人が読めば、どこかに間違いを発見できる。その役割を校閲部は兼ねているのであります。当然ながらそれも限界があればこそ、新聞はしょっちゅう「訂正」を出しているわけですが。

その校閲部にいた最初のころ、新聞の社会面や政治面の雑報記事をゲラで読んでいるうちに、わかりにくい記事にたいへんイライラさせられるんですね。文法的に間違いがあるというのではありません。そうではなくて、言おう（書こう）としている内容が、読んでスラスラと頭にはいらない。わざとわかりにくい文章を書いてエライつもりでいる文章家もいますが、そういう意味でわざとイライラする記事が書かれているのではありません。反対に、筆者にその能力がないために（または努力しないために）、そんな文章しか書けないのです。

けれども、いったいなぜイライラさせられるのか。校閲をやりながら、イライラ文章をたくさん調べているうちに、その大部分がコトバの順序の入れかえによって解決することがわかりました。順序といっても大きく二種類あって、ひとつは次の章でやるような日本語の根幹にかかわることで、テン（読点）の打ち方とも密接にからむ問題です。もうひとつが、ここでいう「かかる言葉と受ける言葉」であります。最近の文章から実例をひろってみましょう。

出たばかりの『言語』という月刊誌がここにあります。その「読者のページ」に、次のような意見が出ている。

芥川に「とても考」というのがあったかと記憶するが、かつては否定を強めるはたらきをしていた「とても」が、「非常に」の意で標準語になったのはすでに大正ごろであろうから、いまでは完全に定着している。しかし、標題の一文（「とても美人だとは言えない」）は、読者の方々は第一感としてはどう解されるであろうか。これは、「到底、美人であるとは言えたものではない」の意か、「非常に美人だ、とは言えない」の意か、文法的あいまい性があるように思われる。このあいまい性を除去するためには、「とても、美人だとは言えない」と、「とても美人だ、とは言えない」とのように、テンを打って区別するほかはあるまいと思われる。

(『言語』一九七九年四月号)

もし「到底」の意味であれば、こんな文を書く方が悪い。要するに「とても」を「言えない」に直結して――

「美人だとはとても言えない」

とすれば、単純明快、何を悩むことがありましょうか。しかし、もし「とても」が「美人だ」にかかる意味だとすると、「美人だ」のあとにテンをうつのも「ひとつの方法」にはちがいないけれど、むしろこれは良くない方法、避けるべき方法です。なぜ避けるべきかは後述の「語順」や「読点」の章でわかるはずですが、ともかく方法としては次のようにいろいろあります。

① とても美人だ、とは言えない。
② 「とても美人だ」とは言えない。
③ 〝とても美人だ〟とは言えない。
④ 〈とても美人だ〉とは言えない。
⑤ 非常に美人だとは言えない。
⑥ 非常な美人だとは言えない。

はじめの①から④までは「とても」を使った場合で、かつ「美人だ」と直結していますから、ここでいう「かかりうけ関係」としては問題がないはずです。それならどうしてアイマイ性が云々されるかといいますと、これが「とても」というような違った意味を持つ言葉だからにほかなりません。それなら「非常に」の意味のときには「とても」など使わなければよろしい。そこで⑤⑥のどちらかになるわけですが、この二つとなると⑥（非常な）の方が正確でわかりやすいといえましょう。なぜか。⑤（非常に）だと「美人だ」にでも「言えない」にでもかかることができ、たとえば「美人だとは非常に言えない」ということも文法的には可能だからであります。しかし「非常な」であれば「美人」にしかかかることができず、誤解される恐れは全くありません。

ついでながら、①から④の中ではどれがいいかにも触れておきましょう。①はテンの打ち方の一般原則と混用になって、本来のテンの役目を侵害するので、できるだけ避けます。②は引用や会話のときに使うべきカギカッコが、単にわかりやすさを求めるために使われて、これもまた役割の侵害による混乱を起こしやすい。③のヒゲカッコ（チョンチョンカッコ）も同様。となると④あたりが無難ということになりましょう。

しかし何といっても一番の文句なしは、「到底」の意味なら「とても」を「言えない」に直結して「とても言えない」とすること、そして「非常に」の意味なら「とても」などという単語を使わぬことです。こんなに単純な方法で直ちに改良されるのですから、この投書者が「テンを打って区別するほかはあるまい」などと悩んでしまっているのは奇妙なことです。

もうひとつ別の例をあげます。小泉保氏の著書『日本語の正書法』（大修館書店）に、修飾関係の例として次のような説明が出ています。

臼井吉見氏は、兵隊時代「積極的任務の遂行」という部隊長の統率方針をみて、「こんな日本語はない。任務の積極的遂行とすべきだ。」と批判したのが部隊長の耳に達した。その才気に感じて以後部隊長が臼井氏に目をかけ、前線送りから除外してくれたので命拾いをしたと述懐している。日本語はまさしく臼井氏にとって命の恩人である。

しかし「積極的任務の遂行」という標語は別に文法的に誤ってはいない。いやむしろ正しい日本語である。いま分かりやすい例をあげてみよう。

美しい水車小屋の娘

この句における「美しい」という形容詞は決して「水車小屋」のみにかかるのではなく、「水車小屋の娘」という語句全体を修飾しているのである。すなわち、

美しい↓（水車小屋の娘）

のように分解されよう。

積極的任務の遂行

ここでも「積極的」という語が「任務の遂行」という句にかかっているのであって、任務の遂行を積極的に行うようにという訓示である。

積極的↓（任務の遂行）

これを臼井氏の言うように「積極的」が「任務」を修飾するのはおかしいから、「任務の積極的遂行」に改めるとするならば、シューベルトの歌謡題目も文法的に間違っていることになり、

水車小屋の美しい娘

と訂正しなければならなくなる。こうすると、

水車小屋の↓（美しい娘）

という修飾構造をもつことになる。（中略）

とにかく文法は理屈ではなく了解である。臼井氏は理屈で「積極的」を「遂行」だけにかかるものと解釈したのである。理屈を言い出したら、日本語には筋の通らない語句が随分たくさんある。「腹が立つ」「腹がへる」もそうだが「私は水が飲みたい」も論理的には理解に苦しむ文である。

おそらく部隊長は「積極的任務の遂行」というモットーを何の矛盾も感ずることなく紙に書きしるしたのであろうし、これを読んだ兵隊もそのまま内容を了解したのであろう。実は書く者と読む者、話す者と聞く者の間に了解が成立する背後に文法の規則がひそんでいるのである。この言語伝達を無意識の内に支配している文法ルールを取り出して明示するのが言語学者の仕事である。（同書三七五〜三七七ページ）

つまり「美しい水車小屋の娘」がむしろ正しいのであって、「水車小屋の美しい娘」では「美しい」が「娘」だけにしかかからないというのです。

さて、果してそういえるでしょうか。問題は二つあると思いますが、まず小さな方から申しましょう。

そもそも「美しい水車小屋の娘」というような標題――いうまでもなくこれはシューベルトが作曲したミュラーの詩の標題ですが、その翻訳としての日本語がよくない。もとのドイツ語は Die schöne Müllerin であります。つまり Müllerin（水車小屋の娘）は一語だ。それを「水車小屋の」「娘」というように、日本語訳は分けています。もしこれが、たとえば「織り姫」というような一語であれば「美しい織り姫」となって、問題とすべき何事もありません。「織り美しい姫」などとは言えない。すなわち、直訳すればなるほど「美しい水車小屋の娘」でもいいけれど、これはあくまで直訳的翻訳であって、できればもっと日本語としてこなれたものでありたい。最初から日本の詩人が日本語として作詩すれば、たとえば単に「水車小屋の娘」というふうになるでしょう。だから、もともと日本語として不自然だということ。しかしこれは小さな問題です。

もう一つは重大問題と言わねばなりません。すなわち、この場合「美しい」は果して「水車小屋の娘」という語句全体にかかるのでしょうか。ドイツ語の場合は一語ですからその通りですが、あくまで日本語として考えるとき、やはり「美しい」は「娘」だけにかかるのではないかと私は思います。

美しい↘
水車小屋の→娘

という同格のかかりあいであって、文法的には「美しい」と「水車小屋の」のどちらが先にきても正しい。そうであれば「水車小屋の美しい娘」の方が、誤解されないだけ論理的であり、したがってわかりやすく、かつ次の章（語順）でふれる意味でも、この方が優れています。もし「水車小屋」も「娘」も両方が美しいのであれば、もちろん

美しい水車小屋の美しい娘

となります。実際にはダブリを避けて——

しゃれた水車小屋の美しい娘
美しい水車小屋のきれいな娘

とでもいうのでしょうが、原則的には前のように「美しい」を二つ使わざるをえない。

なぜ「美しい」が「娘」だけにかかるかを考えるには、次のような実験をしてみるとわかりやすいでしょう。

美しい水車小屋の赤毛の娘

どうですか。こうすると、はたして「美しい」は「娘」だけにかかるのか「水車小屋の赤毛の娘」全体にかかるのか、それとも「水車小屋」だけにかかるのか、わからなくなるでしょう。むしろ「水車小屋」だけととるのが自然になります。しかし小泉氏のような「語句全体」説に従えば、この場合も——

美しい↓（水車小屋の赤毛の娘）

でなければならぬはずです。これはもっと極端にしてみればはっきりします。——

美しい水車小屋の小さな赤毛の娘
美しい水車小屋の青い目をした小さな赤毛の娘

こうなっても、断乎として「美しい」は全体にかかるのでしょうか。否。私は断乎として「娘」だけにかかると考えます。すなわち

美しい　↙
水車小屋の　↙
青い目をした↓娘
小さな　↘
赤毛の　↘

ということであって、文法的にはどれが先に来てもよろしい。そうであれば、この五つの「かかる言葉」のどれを先に、どれを後にするのが論理的かつわかりやすいかという問題になってきます。これこそが次の章の「語順」になるわけですが、以上の説明でわかりますように、やはり「より良い」日本語としては、原則として「水車小屋の美しい娘」に軍配をあげざるをえません。したがって臼井吉見氏の話にしても「任務の積極的遂行」の方が、「より良い」といわざるをえない。

実は、かつて学生のころ買った『シューベルト歌曲集』（好楽社・一九五〇年）を開いてみたら、なんと扉と訳詩の標題に「水車屋の美しき娘」とあるんですね。かと思うと楽譜には「美しき水車屋の娘」と出ている。どっちでもいいということでしょうが、論理的には「水車小屋の美しい娘」と直結する方が優れています。（なお「美しき」「水車屋の」の場合はウツクシキもスイシャヤノも同じ五つの音節ですから、次の章でいう語順の原則からしても「どちらが先でもいい」ことになります。が、「水車小屋の」は六音節ですから、その意味でもこれが先の方がよいことになります。）

しかし、このていどの短い語句ですと、ほかの要素もからんで来ます。とくに詩のようなときは日本語としての韻だの調子だの、あるいは言葉相互の親和度とか接合関係も考慮に入れますと、「美しい水車小屋の娘」がとくに悪いともいえません。だから「文法は理屈ではなく了解」（小泉氏）なのでしょう〔注1〕。ただ、ここではあくまで原則――「かかる言葉とうける言葉をできるだけ近づけるべし」という原則を重視して、以上のように説明したわけです。とくに「美しい」は「娘」だけにかかるのだという核心は御注意下さい。ついでにいえば、小泉氏は「水車小屋」という美しいイメージにひっかかってだまされたのかもしれません。たとえば「美しいブタ小屋の娘」とか「美しい水車小屋のヒキガエル」でも同じ結論になったかな？　とも思います〔注2〕。

それでは、かかる言葉と受ける言葉を直結しさえすれば良くなる文章の実例を、最近目についた中からいくつか紹介しましょう。「積極的任務の遂行」や「美しい水車小屋の娘」とよく似た例から挙げますと――

野蛮な文明の敵（『赤旗』一九七九年三月三一日）

これは新聞の見出しですが、これでは「『野蛮な文明』の敵」なのか「野蛮な『文明の敵』」なのかわかりません。公害や原子力発電などは「野蛮な文明」ともいえますし。これも直結して――

文明の野蛮な敵

とすれば誤解される恐れはありません。全く同様に次の例はどうでしょう。――

危険な政府の権威主義（『毎日新聞』一九七八年六月二六日朝刊）

これも大きな見出しです。もう説明するまでもないでしょう。見出しの類で実に多い、のは、まさにこの「多い」という言葉が使われるときの「離れすぎ」です。——

多い地下室で命拾い（『朝日新聞』一九七七年三月一四日夕刊）

これだけ見ると、次のどちらなのか全く見当がつきません。——

Ⓐ「多い地下室」で命拾い
Ⓑ多い「地下室で命拾い」

これはルーマニア大地震での教訓なのですが、ルーマニアの家は地下室が多いので命拾いしたのか（Ⓐの場合）ともとれるし、地下室にいて助かった人が多い（Ⓑの場合）ともとれます。本文を読んでみてⒷだとわかるのですが、これなどは外国人で日本語を習いはじめた人はたぶんⒶと思うだろうし、日本人でも新聞の見出しのヘンなクセになれていない人ではⒶとみるでしょう。これは正しくは「地下室で命拾いが多い」とすべきなのですが、これだと「が」が一字だけふえるし、見出しとしても「見出しらしさ」がなくなって困るのでしょうね。そうであればⒷのようにカギカッコでかこめばいいのです。でなければ「多くが地下室で命拾い」とか「地下室が多くを救う」「地下室の有無が生死を分つ」「地下室で助かる」などと、よりわかりやすい別の表現を工夫すればいい。見出し係はそれが商売なのですからね。次の例なんかも芸のなさの典型でしょう。

多い野党の結束のなさ嘆く声（『朝日新聞』一九七七年七月三一日朝刊）

見出しにこういう例が多いのは、一字でも少なくして最大の意味を持たせようとする無理のなせる業だから、という弁解も成りたちましょうが、本文中にも「離れすぎ」はしょっちゅうあります。もう毎日の新聞から例を拾いだすことができるほどです。たとえば――

西独製品が持つ強い価格面以外の競争力（『朝日新聞』一九七七年一一月二七日朝刊九ページ七段目）

右の中の「強い」は当然ながら「競争力」に直結しなければなりません。この例なども、さきの「美しい水車小屋の娘」についての小泉氏の解釈に従えば――

強い↓（価格面以外の競争力）

ということなのでしょうが、それならばいっそのこと――

強い↓（西独製品が持つ価格面以外の競争力）

とやっていい――というより、こうすべきことになってしまいます。これでは、さきの「多い」の見出しと同じ「ヘンな日本語」だ。だからこそ「強い」は「競争力」だけ、それ「だけ」にかかるのであって、断じて「語句全体」にかけてはいけないと私はいいたいのです。この場合は「強い」という言葉ですから、親和度が「価格面」よりも「競争力」により大きく働くだけましですが、たとえば「法外な」といった言葉ですと、親和度はどちらにも同じくらいに（またはむしろ「価格面」に）働くので、もう全くわからなくなってしまいます。すなわち――

㋑「法外な価格面」以外の競争力
㋺価格面以外の「法外な競争力」

㋑か㋺かは、もう全く、この前後の文をよく読みなおす以外にわかりません。もう少し長い文の例を挙げますと――

一方、カモシカ保護の立場から大量捕獲にたいする異議を却下された岐阜県自然環境保全連合では行政訴訟を起こすことを検討中。（『赤旗』一九七八年二月一三日）

「カモシカ保護の立場から」はどこにかかるのでしょうか。自然に読めば、「大量捕獲にたいする異議を却下された」にかかるように思いますが、話のツジツマがこれでは変です。よくよく前後を読んでみると、どうもこれは「行政訴訟を起こす」にかかるらしい。つまり次のようなことではないか。

一方、大量捕獲にたいする異議を却下された岐阜県自然環境保全連合ではカモシカ保護の立場から行政訴訟を起こすことを検討中。

これなどはしかし「直結すべし」という原則よりもさらに大きな「語順の原則」（次の章）ともからんできます。文の構造を見ましょう。――

①（大量捕獲にたいする異議を却下された岐阜県自然環境保全連合では）↙

②カモシカ保護の立場から↙

③行政訴訟を↘

Ⓐ起こすことを↘

Ⓑ検討中。

受ける言葉にⒶとⒷがあり、Ⓐには②と③がかかっている。その上で①とⒶがⒷにかかります。「直結」原則に原文がいかにひどい違反をしているかというと、Ⓐにかかるべき②が、Ⓑにかかる①をとびこして遠く離れた冒頭に来ていることでわかりましょう。これがもし、②がⒷにかかる場合でしたら、語順の原則（次章）だけの問題になるのですが、原文では「直結」と「語順」の二重違反だから実にわかりにくくなっているのです。

（横浜「朝日カルチャーセンター」の講義から）

〔注1〕だが、文法は本当に「理屈ではなく了解」だろうか。もちろん文法はコトバよりあとにできた整理棚にすぎないが、だからこそ文法は「了解ではなく理屈」ともいえるのではなかろうか。コトバは了解、文法は理屈ではなかろうか。

〔注2〕これらの私の指摘について小泉保氏は『文学』一九八一年九月号で「積み重ね」と見るか「並列」と見るかの立場の違いとして解説されている。はたしてそうだろうか。

四、「修飾の順序」実戦編

いわゆる「学界の定説」というものがあります。しかし言葉の順序とテンのうち方(とくに後者)に関しては、まだそういうものはほとんど出ていないようです。だから私がこれからお話しするのは、あくまで私による〝原案〟であって、これが学界の定説だということでは全くありません。ふしぎというべきか驚くべきなのか、日本語学界の中にこの問題を原則化して整理しようとした人がきわめて少ない。少数ながらいることはいるんですけれども、欠陥の多いものがほとんどです。「定説」は部分的原則にとどまり、体系としてはまだ混沌とした状態にあると思います。おもしろいことに、こうした努力は生えぬきの「国語学者」よりもむしろ理科系出身の学者や技術者・外国語学者・高校教師などの方がよくやっている。今まで出たものをみると、たとえばテンのうち方ということになると、原則をやたら（まさに「無原則」に）並べて二〇も三〇も連ねていく。しかしそれらを検討してみると、大部分は共通の原則の下に統合できる例が多いんですね。たとえば順序の場合だと四つになる。テンの場合でも多くて四つかせいぜい五つぐらいにすぎない。わずか四つか五つの原則さえ押さえれば、基本的文章はすべてそれで組み立てることができる。もちろん原案ですからこれが絶対だなどとは申しませんが、問題は現場で実践してみてどうかにあります。

『日本語の作文技術』の第三章「修飾の順序」で「言葉のかかる順序」の原則として次の四つを示しました。重要な順に並べます。

① 長い方を先に
② 句や連文節を先に
③ 大状況を先に
④ なじみの強弱（親和度）

右の中でとくに重要な原則は①と②です。この二大原則を応用するだけで、語順に関してはハ割くらいが改良されるでしょう。①と②のどちらが重要かは考え方にもよるので、どちらでもいいと思います。原理的には②の方が重要かもしれない（私の『日本語の作文技術』では②を筆頭にしています）が、頻度としては①の方が圧倒的に問題なので、ここではこれを①にしました。それに②の内部でも①の原則が働くので、より大きな原理として①があるとみることもできます。

では、右に示した四原則によって、たまたま目についた悪順の文章を以下に料理してみましょう。

自分の生命を敬愛していた太宰治の墓前で絶ったのである。（講談社『酒飲みのための科学』二〇五ページ）

これだと太宰治が自分の生命を敬愛していたことになりそうですが、実は次のような関係なのです。

敬愛していた太宰治の墓前で↙
　　　　　　　　　　　　　絶ったのである。
自分の生命を　　　　　　↘

当然、「長い順」と「句を先に」の原則が適用されて次のようになります。

敬愛していた太宰治の墓前で自分の生命を絶ったのである。

この場合、「親和度」も少しからみ、「生命」と「敬愛」とのなじみ具合も問題です。次の例はもっと強く「親和度」があるために誤解がひどくなっています。

埼玉県蕨市で三十日夜、実の娘夫婦が胃がんなどのために「死にたい」と漏らす老母をバイクで荒川まで連れて行き、入水自殺を見届けるという事件が夫婦の自首で明るみに出た。（『朝日新聞』一九七七年一〇月三一日夕刊）

胃ガンになっているのは「母」なのですが、これだと少々考えなければ「娘夫婦」が胃ガンのようにも読みとれます。これを「長い順」に並べると、

胃がんなどのために「死にたい」と漏らす老母を
実の娘夫婦が
荒川まで
バイクで
連れて行き、

となりますから、「句を先」の意味でもこのまま並べることで万事解決しますが、これは「胃がん」と「娘夫婦」「母」との強い親和度を引きはなす結果にもなります。もちろん、「娘夫婦が」を先にもってきたいのであれば、そのあとにテンをうつことで可能になる（次の章で検討）。この種の悪文は、新聞の前文（まえがき、リード）で全体を要約しようとするときに起りがちな例のようです。次の例も前文からとりました。

三日、愛知県南知多町の知多湾で、ゴムボートから兄がいっしょに釣りに来ていた弟を冬の海に突き落として殺し、弟にかけていた三千万円の保険金を詐取しようとした事件が発覚した。（『朝日新聞』一九八〇年二月四日朝刊）

これを右の文の通りの順序で並べますと——

①ゴムボートから
②兄が
③いっしょに釣りに来ていた弟を
④冬の海に

突き落として殺し、

となります。いかにひどいものかわかるでしょう。「句を先に」「長い順に」と機械的に直せば——

いっしょに釣りに来ていた弟をゴムボートから冬の海に兄が突き落として殺し、

となります。これでかなりよくなったけれど、さらに改良すれば、①②④は長さに大差がないので、そういう時は第三の「大状況から先に」の原則を適用して、③のあとを④②①とします。さらに「兄弟殺人」を強調するために④より②の方が重要と思えば、②④①としてもよいでしょう。次の例も前文からです。

十九日夕、北海道十勝支庁中札内村で、大型ダンプカーと曽祖父《そうそふ》からひ孫まで一家五人が乗った軽四輪乗用車が衝突、四人が即死し、一人が重体の事故があった。（『朝日新聞』一九七九年九月二〇日朝刊）

「長い順」違反のひどい例ですね。「大型ダンプカーと」は「衝突」の前に置かなければダメ。

ただ、どちらも間違いなく再建の特効薬になり得る保証はない。（『朝日新聞』一九七八年一〇月八日朝刊）

右の一文の前に、ある倒産出版社再建策としてAとBの二案が紹介されているのですが、これだと「どちらも」が次のいずれなのかわかりません。

どちらも
間違いなく
再建の特効薬に　なり得る保証はない。

間違いなく
再建の特効薬に　なり得る保証は
どちらも　ない。

いずれにしても「長い順」のひどい違反ですが、前後を読んでみるとこれは後者の意味なんですね。その違反ぶりは前者よりも後者の方がもっとひどい。これは「ない」の前に「どちらも」を置かなければならぬ例ですが、さらに欲をいえば「どちらにも」と助詞「に」を加えることでしょう。

屋上から突き落とせば確実にかけがえのない命を奪うことになる、と大人は思う。
（『朝日新聞』一九七九年一〇月一三日朝刊）

右の「確実に」には「（かけがえの）ない」と「奪う」との双方に親和力があるため

に、「確実に（かけがえの）ない」のか「確実に奪う」のかわかりません。意味からすればどうも「奪う」の方のようですが、絶対にそうだとは断言できない。「奪う」の方であればやはりこれは「長い順」に「直結」させて「確実に奪う」とすべきでしょう。

横領した金の使い道について、安達はくわしい供述をしていないが、あねご肌《はだ》で、よく部下を連れて飲み歩いていたうえ、四十七年ごろに宝塚市の閑静な住宅街に現在住んでいる木造二階建ての自宅を新築しており、府警ではその資金にしたのではないかとみている。（『朝日新聞』一九七八年七月一日朝刊）

これもよく読まないとわかりにくい例ですが、全く単純に「四十七年ごろに」を「新築しており」の前に置いて「長い順」とするだけのことで解決します。

＊　　＊

最後に、言葉の順序の問題を論じてきたこの章の余談として、私とは正反対の作文技術を説いている本を御紹介します。

これは「ぎょうせい」という出版社から出ている『私の文章作法』という単行本です。

著者はある有名な紀行文作家ですが、ここで私はこの本の欠陥を論じるわけですし、この著者に対してはむろん悪意など毫《ごう》も持ちません故、お名前は挙げないことにします。(「X氏」と仮称しましょう。)また語順以外の部分については学ぶべきことも多いと思われますから、私がこの欠陥を指摘したからといって、著者の人格の根源にかかわる種類の問題ではありません。(ただ、文法的な問題についてはこの本は各所にズサンな発言が目立つ。)しかし、かなりの影響力を持つ(二、三の高校の国語入試問題にこの著者の文章が出たそうです)と思われる著者の本として公刊されたものですから、やはり指摘せざるをえませんし、また「長い順に」ということを考える上で格好の例文でもあります。

それでは、この本の「修飾句の並べ方」という章から冒頭の三ページほどを以下に引用しましょう。

日本文の特色は、「動詞」が文末にくることであることはすでに指摘したが、このために、主語を修飾する部分が長くなると、読みにくくなり、修飾句が、二つ、三つと重なってくると、さらにわずらわしくなり、読む方では、もう少し整理してほしい、と思いたくなる。

このために、いわゆる技術的処理を考え、

短い修飾句を前におく
長い修飾句は後におく

という原理を指摘している人は多い。

一例をいえば、

太く、よく育った、年輪のゆたかな竹。

という一文があるとする。

この場合に、「竹」を修飾する言葉を、短い順から書いてゆくと、読みやすくなり、表現も安定するというわけである。その証拠に

年輪のゆたかな、よく育った、太い竹。

と書くと、「頭でっかち」になり、リズムも乏しい。日本文の場合は、リズムも大切である。(これに関しては、リズムについての章を参照)

また、人間を修飾するケースならば、

色白で背の高い、教養のありそうな男性

と書く方が、

教養のありそうな、背の高い、色白の男性

とするより「安定する」といえるのである。

じつは、この並べ方は、日頃、よい文章を読み、リズム感を養えば、ある程度、馴れてこようが、読む者にとって、別の「抵抗」は、シャベり言葉でわかりやすく書こうとするあまり、次のように、口をついて出てくる言葉を、つみかさねてしまうことである。

私は、女性は結婚して、家庭にどっぷりとつかり、なまぬるい生活を送るのがよいと、考えているのでは、けっしてない。

「結婚」に関する、一女子学生の文である。

これは、シャべってみせれば、相手が理解できるが、書いてみると、まわりくどい上に、最後の動詞が「否定」とくるので、ますます混乱させられる一例である。

この文章を分解してみると、

A　私は、

B　女性は結婚して、

C　家庭にどっぷりとつかり、

D　なまぬるい生活を送るのがよいと、

E　考えているのでは、
F　けっして
G　ない。

七つの部分に分けられるが、これは、次のように倒置、入れかえしてみると、やや、わかりやすくなる。

B　女性は結婚して、
C　家庭にどっぷりとつかり、
D　なまぬるい生活を送るのがよいと、
A　私は、
F　けっして
E′　考えて（いるのでは）
G′　いない。

E′G′は、E、Gの表現を少々変えて収めてみたものである。

この一文を最初に本屋で立ち読みしたとき、私は「前」と「後」がひっくりかえった校正ミスかと思いました。「短い修飾句を前におく」の「前」がです。しかもつづいて

「という原理を指摘している人は多い」というのですから。

つまり「長い方を前に」なら、指摘している人はかなりありますが、その反対に「短い方を前に」という〝原理〟を指摘する人など、私の見た何十冊もの文法書や文章作法の本の中に一人としていません。X氏が初めてです。ところがそのあとを読んでみて、これは校正ミスではなくて本気なのだとわかった。ここにあげられた実例を検討してみましょう。

太く、よく育った、年輪のゆたかな竹

X氏によれば、これらはすべて「竹」にかかる言葉だそうです。つまり――

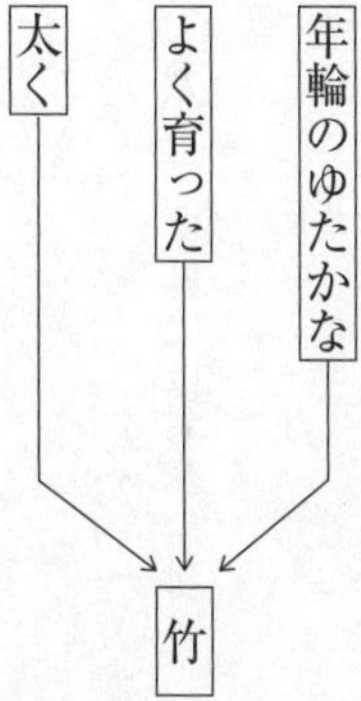

というわけです。いったいだれが「太く竹」と言いますか。「竹」にかかるときは連体形「太い」以外にはありえない。つまりこれは次のような関係なのです。

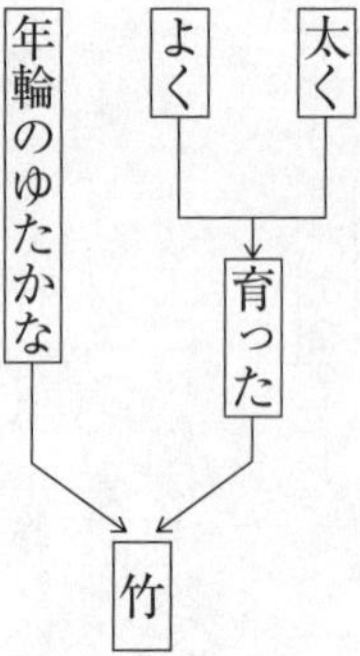

だからこそ「長い順に」の原則を適用すれば——

太くよく育った年輪のゆたかな竹

となるのであって、正反対にはなりえません。で、X氏はつづいて「その証拠に」と、正反対の例を次のようにやってみせます。

年輪のゆたかな、よく育った、太い竹

驚嘆すべきことに、X氏はここで「太く」を「太い」に（黙って）スリかえてしまいました。「太い」になってしまえば、かかる言葉も「育った」から「竹」にかわりますから、これは次のような関係にガラリと変ります。

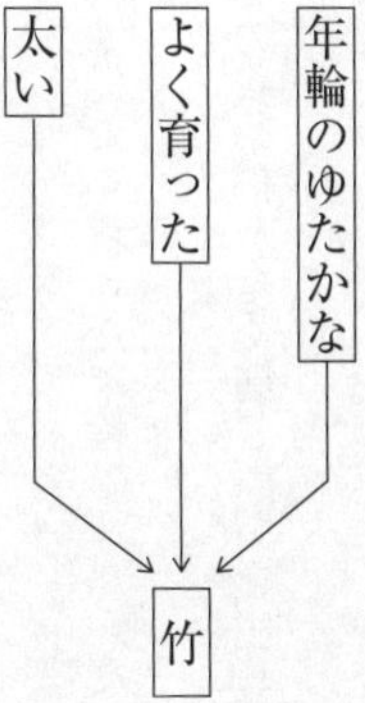

これなら正に「長い方を前に」の原則によって、X氏の書いている通りに、（しかしX氏の主張によれば、これは「よくない」のですが）――

年輪のゆたかなよく育った太い竹

となります。これが「よくない」のでしたら、X氏に従えば次の方がよりよいことになります。(竹に年輪があるのも変な話ですが、ここでは別問題とします。)

太いよく育った年輪のゆたかな竹

その次の例も全く同じ誤ちを犯しています。

色白で背の高い、教養のありそうな男性

この「色白で」を「色白の」にスリかえて「正反対」の〝原理〟を次のように示すのです。

教養のありそうな、背の高い、色白の男性

ついでながら、これは文章技術と全く無関係な話ですが、この実例の内容をひっくりかえすと「教養のなさそうな背の低い色黒の女性」となります。私が何を言いたいのか御理解いただけるでしょう。こうした〝常識〟が無意識の世界を支配しているのが日本の現実なのであります。つづいてX氏は、やや長い次のような例文を示します。

私は、女性は結婚して、家庭にどっぷりとつかり、なまぬるい生活を送るのがよいと、考えているのでは、けっしてない。

もし「長い・短い」の問題ならば、これは次のように考えるとわかりやすいでしょう。

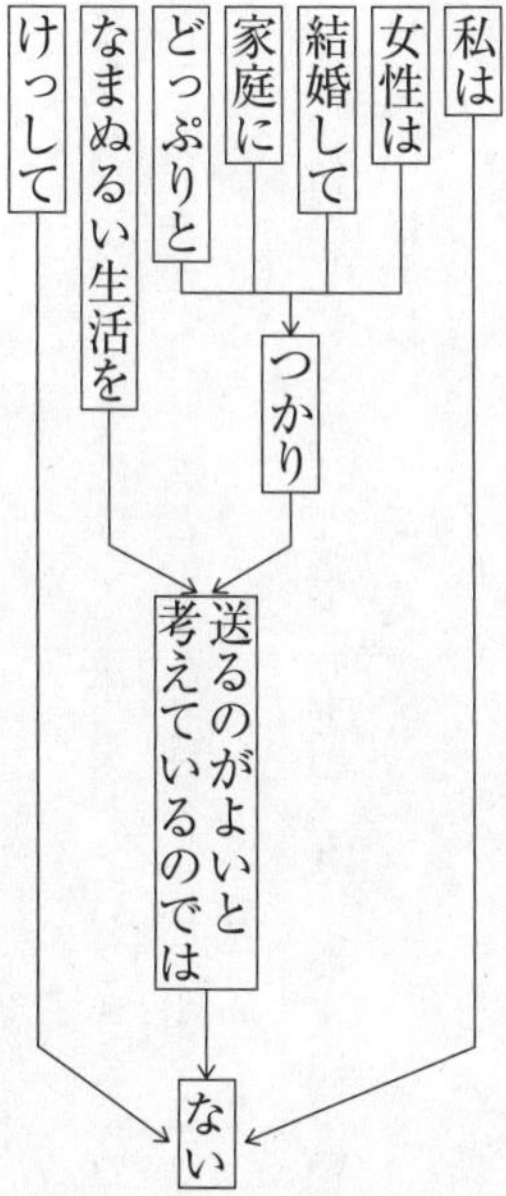

つまり「私は」は「女性は……送るのがよいと考えているのでは」よりも圧倒的に短いからこそ、次のようにあとにまわせばわかりやすくなります。——

女性は結婚して家庭にどっぷりとつかり、なまぬるい生活を送るのがよいと考えているのでは私はけっしてない。

こうした場合、「私は」と「けっして」では同じくらいの長さ（ワタシハ・ケッシテ）ですから、「大状況の順」として「私は」を先にします。

また この例ですと、「私は」は「考えているのでは……」にかかるかのように思われる方もあるかもしれませんが、たとえば次のように単純化してみればこれはわかりやすいでしょう。

すなわち——

私はスパイではない。

　　私は
　　スパイでは↘↙ない

ということであって、この場合の「ない」は助動詞ではなく、形容詞の述語である点に御注意下さい。もし助動詞なら、たとえば――

　私は九州へ行かない。

という場合、これを

　　私は　↙
　　九州へ↓ない
　　行か　↘

とすることはできません。したがって――

九州へ行か私はない。

とすることもできません。それでは「考えているのでは……」に「私は」がかからないのかというと、これには「(私が)考えているのでは……」というように、主格(私が)が略されているとみればよいでしょう。(「私は」は題目語に当ります。このあたりのことは拙著『日本語の作文技術』第六章の実例「突然現われた裸の少年を見て男たちはたいへん驚いた」の解説が参考になると思われます。)したがって「私はスパイではない」は「スパイでは私はない」とすることも可能になり、当然ながら「……と考えているのでは私はけっしてない」も、少しもおかしくはありません。

ところでX氏は、ここでもまた原文を「少々変えて」次のようにしています。

女性は結婚して、家庭にどっぷりとつかり、なまぬるい生活を送るのがよいと、私は、けっして考えていない。(傍点本多)

こんどは「黙って」スリかえたのではなく、ことわって変えました。しかしいくらことわっても、こうした問題を考えるときに例文を「少々」変えてしまっては、とうてい原則を追究することはできません。この場合も、同じ「ない」が原文では形容詞なのにここでは助動詞になってしまいました。原則を考えるときに、原則を成立させている条件を変更してしまうのでは話にならないのです。

（横浜「朝日カルチャーセンター」の講義から）

五、「テンの二大原則」実戦編

よく「句読点」といわれますが、句点（マル）の原則は小学生の低学年でも理解できる種類のものですから、ここでは触れません。しかし読点（テン）となりますと、その論理的構造を納得するには、少なくとも小学生だったら高学年、あるいは中学初級以上の思考力が必要でしょう。しかしこの問題は、「わかりやすいための原則」として語順とともに二大双璧をなすものです。いくら強調してもしすぎることはないのですが、文部省は漢字教育や古文教育をテスト判定用に熱中して奨励しても、現代文のためのこの二大双璧については一切だまりこんで、そのくせイギリス語なんかだと当初からコンマの打ち方や語順を厳密に教えている。要するに、民衆がわかりやすい文章をどんどん書けるようになっては、支配する上で困るんでしょうね。

第一章（読点《コンマ》の統辞論）で「テンの二大原則」について説明しましたから、以下でさまざまな実例についてこの原則を検討してみることにします。

秋田おばこらしい、ねばり強さに人びとは同情をこめて「プアー（かわいそうな）ケイ」と呼び、いささか、のんきものの夫には冷たかった。（『朝日新聞』一九七八年七月二一日朝刊外報面）

最初のテンがひどい。「秋田おばこらしい」のあとにテンを打ってしまいますと、どこか後の方に続くんだろうと思ってしまいますね。ところがどこにも続かない。直接「ねばり強さ」にすぐ続いているんです。絶対こんなところにテンをうっちゃいけない。これは「ならぬテン」です。うつのなら——

秋田おばこらしいねばり強さに、人びと……

とすべきです。これは二大原則のうち①（長い修飾語）の方に当ります。もうひとつ問題なのは最後の「いささか」のあとのテンです。この原文に従えば、テンによって次のような構造になる。

いささか、↙
のんきものの夫には↘ 冷たかった。

つまり「いささか冷たかった」というわけです。もしそうなら一応これでいい。逆順ですからね。本来なら——

のんきものの夫にはいささか冷たかった。

となるべき文章なのでしょうが、何らかの理由で筆者が「いささか」を先に出したいと思ったのであればこれでいい。

ところが、です。よくよくこの前後を読んでみると、必ずしも「いささか冷たかった」ではないようなんですね。どうもこれは「いささかのんきものの……」のつもりらしいんです、筆者は。（最初のテンで〝前科〟がありますからね、この筆者には。）そうであればこんなところに絶対うっちゃいけない。想像ですが、「いささかのんきものの……」だとカナつづきで読みにくいので、前述の「わかち書き」のつもりでテンをうったのかもしれません。とんでもないことです。

次の例文は、本来ならナカテン（・）または「テンなし」にすべきところを、テンにしてしまったために意味がわかりにくくなってしまった例です。

「だから日本に核は持ち込まれていない」という。水爆沈没の事実、水爆機を搭載した空母、タイコンデロガが横須賀に入港したことがわかっても、なおこうした政府見解は変わらない。（『朝日ジャーナル』一九八九年五月二六日号）

右の「空母」のあとのテンは「ならぬテン」です。おかげで、他の本来のテンの役割が侵害されてしまいました。タイコンデロガは空母の名なのですから、テンをやめて別の記号にすればよろしい。たとえばナカテンにして「空母・タイコンデロガが」としてもいいし、ヤマカッコやカギカッコを使って「空母〈タイコンデロガ〉が」「空母『タイコンデロガ』が」とすることもできます。この場合は「テンなし」にして続けてもよいでしょう。これも筆者がテンを無神経に使っているからですが、次の例などもナカテンの役割に何の配慮もしない無神経な例です。

……退役軍人連盟のブルース・ラクストン・ビクトリア州支部長（六三）がぶち上げると、満場の拍手がわいた。（『朝日新聞』一九八八年一一月二一日朝刊「時時刻刻」）

上のナカテンは姓と名の区別、下のナカテンは並列の境界ですから全く役割が違います。だからこそ姓名の場合は私は二重ハイフン（゠）にするのです（本書凡例参照）。

次にあげる例は、テンのほかにもいくつかの問題を示しています。

法律にうといといわれれば、それまでだが別に悪いとは思ってない。（『朝日新聞』一九七八年五月二七日朝刊社会面）

もう解説の必要もないくらいひどいテンですね。正解は原則の①に従って――

法律にうといといわれればそれまでだが、別に悪いとは思ってない。

つまり重文になるわけですね。「いわれればそれまで」と直結しているわけですから、それをテンで切り裂いたら血が出る。その上うつべきところにうってない。たいへんひどいことをやってるわけです。もし両方にうってあれば、まだ「正しいやつのほかにいらないやつがある」ということだけれど、うつべきところになくてうってはいけないところにあるという正反対のひどい文章です。

ここでちょっと別の問題ですけれども、これを読んでいて初め私はつい「法律にうというわれわれは……」と読んじゃったんです。こうカナばっかり並んでいると、字をひとつひとつ読んでいかないとわからない。こんなときの解決法としては、まず漢字を使う方法があります。たとえば――

法律にうといと言われれば……

どうしても漢字がいやだというんだったら、こういう時は「わかち書き」をすればいいでしょう。たとえば――

法律にうとい　といわれれば……

これもいやだったら、傍点をうつこともできます。――

法律にうといといわれれば……

また「ウトイ」とカタカナにすることも一つの方法ですが、カタカナ乱用はあまりすすめられません。

次の例はどうでしょうか。

そういうことはこれまでにはないことではなかったのに、キラキラと忙しく光る金粉がはじけるような石の色に、なんとなくうさん臭いものを感じたのは、いわゆる女の勘というものだろう。（『婦人公論』一九七八年六月号）

これはテンだけの問題ではありませんが、まずテンを問題にしますと、「……ないことではなかったのに、」の最初のテンは大原則の①（長い修飾語）ですからよろしい。

しかしその次の「キラキラと忙しく光る」が問題です。何気なく読むと、すぐ次の「金粉」にかかる言葉のようですね。しかしよくよく前後を読んでみますと、これは「石の色」にかかるんです。この「石」とは茶金石という一種の宝石なのですが、そうなってくるとこれは次のような構造です。

キラキラと忙しく光る↙
　　　　　　　　　　石の色
金粉がはじけるような↘

そうであれば、大原則の①によって「光る」のあとにテンが必要だ。とくにこの場合、八七ページの第四章④で述べた「親和度」がからんでくるので、なおさら「必須のテン」であります。「光る」の「金粉」との親和度は、「石」との親和度よりも強い。読者はつい「光る金粉」と解釈してしまいます。だから二重の意味で、ここにはどうしてもテンが必要なのです。

では次の例——

それでも日本の党は中国共産党のごとく秘密を守ることができなかった。このあたりに、ほとんど同時に、共産党の組織がスタートしながら、みるみる組織力の差がついていった日本共産党と中国共産党のちがいがあるといえるのではないだろうか。

(『文藝春秋』一九七六年七月号)

これもうすぐおわかりですね。そうです、「同時に」のあとのテンはうってはいけません。これは「ならぬテン」です。「同時に」は「スタート」にかかるわけですね。もしこれだけ独立させて、たとえば「ほとんど同時に、共産党の組織がスタートした。」というふうに切れる文章であれば、まだまし——つまり絶対うってはいけないとはいえないんです。なぜかというと、「同時に」と「スタート」の間に「共産党の組織が」がはいりますから。しかしこの程度なら短い修飾語だからうたない方がいいんだけれども、「絶対うってはいけない」とはいえない。ところがそのあとの「スタートしながら」のあとのテン、これはむしろうつべきテンですね。うつべきテンがあるんですから、そのテンの論理を生かすためには前の「同時に」のあとのテンはうってはいけない。「必要なテン」の意味を侵害する「ならぬテン」ですから。

次の例はどうでしょうか。

彼らはイランとシリアを孤立化させる新たな手段としては、経済の断交、シリアとの外交関係の断絶、両国の市民へのビザの発行の禁止、シリアあるいはイランへの飛行を予定している、いかなる国の航空機にも米国着陸権を拒否することなどを勧告している。（『アエラ』一九八九年八月八日号）

問題は最後のテンですね。この一文は次のような構造になっています。

①　彼らは
②　イランとシリアを孤立化させる新たな手段としては
③　㋑経済の断交
　　㋺シリアとの外交関係の断絶
　　㋩両国の市民へのビザの発行の禁止
　　㋥｛シリアあるいはイランへの飛行を予定しているい
　　　　かなる国の航空機にも米国着陸権を拒否すること｝
　　などを
勧告している。

つまり「勧告している」という述語にかかる修飾語として①②③の三つが直接かかっていますが、さらに③の中で㋑〜㋥の四つが「などを」にかかるという構造です。もしこれら①〜③および㋑〜㋥の境界のすべてにテンをうつと次のようになります。

彼らは、イランとシリアを孤立化させる新たな手段としては、経済の断交、シリアとの外交関係の断絶、両国の市民へのビザの発行の禁止、シリアあるいはイランへの飛行を予定しているいかなる国の航空機にも米国着陸権を拒否すること、などを勧告している。

これで一応の改良はされたことになります。もちろん問題のテンは除かれました。このテンを筆者がうってしまった心理は理解できます。長すぎるからです。しかし、文章は第一に論理であり、第二にリズムであります。論理がすべてに優先する。「長すぎるから」なんとなくテンをうつなどとんでもない。ここで「一応の」改良としましたが、さらに改良しようとすれば、この六個のテンは二種のテン(①〜③と㋑〜㋥)が混在していることに注意しましょう。語順などをいじらずに記号だけで改良するには、たとえば③の中をカギカッコでくるとか、㋑〜㋥の境界はナカテンにするなどが考えられます。

さて次に、筆者がせっかく正しいテンをうったのに、テンについて無知な（つまりは文章に鈍感な）編集者がさらに「ならぬテン」を勝手に加えたため、テンの原則が乱されてひどいことになってしまった例を挙げましょう。（これは当の編集者の名誉にもかかわるので、出所は明らかにしませんけれど――）

①　否、一人たりとも、いなかった。

②　あれは、私たち納税者に巣食って、高給をはむ寄生虫だ。

③　寄生虫の卵やサナギが「出世競争」に敗れて自殺する例はあっても、成虫ともなれば金輪際、自殺などしないものだ。

右の三つの例文は、いずれも一つの小論文の中にあるものです。このうち「ならぬテン」または不必要なテンはどれでしょうか。もう皆さんはすぐお気づきのことと思います。一応順に説明しておきましょう。

①は「一人たりとも」のあとのテンが原文にはありません。しかもこの文は、「否」のあとが原文だとマルになっていた。さらに、これはリズムと文体に関係することです

が、「否」のあとに「ゼロ」として再びマルがありました。編集者は「否」も「ゼロ」も同じことだからと〝合理的〟に考えて「ゼロ」を削った上で、「否」のマルをテンにし、さらに余分に「一人たりとも」のあとにテンを加えた。これはテンだけの問題をこえて、他人の文体を勝手に改竄《かいざん》する犯罪的編集です。

②は二番目のテン（「……巣食って」のあと）が原文にはありません。この場合の構造は次のようになっています。

あれは
私たち納税者に巣食って↘
高給を　　　　　　　　はむ↘
　　　　　　　　　　　　　寄生虫だ。

つまり「あれは」だけが逆順で冒頭に出したからテンが必要ですが、あとは全く順当ですから、ヘンなテンを加えると論理的に欠陥文になってしまいます。

③の構造を見ましょう。「……あっても」までは重文の前半ですから、問題の後半だけを見ますと――

成虫ともなれば↙
金輪際　↓しないものだ。
自殺など↘

全く順当な語順です。どこにもテンはいりません。もし「しいて」加えるとすれば「成虫ともなれば」のあとであって、「金輪際」のあとになど金輪際うってはなりません。もし漢字がつづきすぎるなら「金輪際」と「自殺など」を逆にすればいいでしょう。念のため原文を示します。

① 否。ゼロ。一人たりともいなかった。
② あれは、私たち納税者に巣食って高給をはむ寄生虫だ。
③ 寄生虫の卵やサナギが「出世競争」に敗れて自殺する例はあっても、成虫ともなれば金輪際自殺などしないものだ。

最後に少し変った例をあげましょう。

やあ、花ざかり。二杯目、ですね。

これはビールの広告です。若い娘たちが五人くらいそろってビールを飲んでいる写真に、この文句がついている。これは私としては実に嫌いな、いやみったらしい文です。しかし広告文としてはうまいと思う。広告なんかだと、いやみでも少々神経にひっかかるのがいいんですね。この広告文をなぜ紹介したかと申しますと、第一章で「思想の最小単位」としての強調のテンについてふれたわけですが、この「二杯目」のあとのテンはその好例だからであります。普通なら当然「二杯目ですね」とテンなしになるところを、わざと切った。「二杯目」と言っておいて、「この想像は当っているだろう」という目で、ちょっと間をおいて「ですね」とやった呼吸が見事です。

と、まあいろんな実例をマナイタにのせましたが、こんなにうるさいのでは文章を書くのがめんどくさいと感じた人もあるかも知れません。しかし「二大原則」というような理屈はあとでいいんです。まず自分の書いた文章を読んでみて「あれ、おかしいな」と思ったら、そのときだけ私がいったような原則を参考にすればわかるということですね。まず原則を頭の中に覚えてそれから作文を考えるんじゃなくて、作文はどんどん自由に書いて、それで「おかしい」と思ったときだけ、なぜおかしいのかを考えるときにこの原則を考えて下さいと、そういうことなんです。

それでは、テンの打ち方の原則の総ざらいとして、ここでひとつの検証作業をやってみることにしましょう。

＊

大久保忠利という言語学者が書かれた『日本文法と文章表現』(東京堂出版・一九七四年)という本があります。比較的新しい本ですね。今日はこれから、この著者をかなりこっぴどく批判します。なぜそういうことをやるかといいますと、それによってテンのうち方の原則がはっきりしてくるということが一つ。第二に、この人は今まで文法の本を三十何冊か書いています。従って影響力が大きいということです。膨大な本を出して、日本語の文法界におそらくかなり影響力がある。専門学者の間では論争好きの学者として知られているけれども、とくに小学校や中学校の現場の先生たちには「先生の先生」として知られていると思うんです。そういう意味で影響力が大きい。だから問題にします。それからもう一つは、この人には謙虚さがない。そんなことをいうと「おまえだってそうだろう」といわれるかもしれないけれども、私なんかよりも問題にならないくらい猛烈に傲慢なんですね。いくら傲慢でも、神様みたいに完璧なら一向にかまわないと思うんです。「あいつは傲慢だけれどもたいへんに偉い」ということになるんだけれども、そうじゃないんですね。自分だって底の抜けたことをやっているくせに、他人をめちゃくちゃに攻撃する。やたらとかみつく。それならこっちもかみつき返してやるかと、まだかみつかれたことはないんだけれども、やられている人がかわいそうになってきまして……。自分自身で言ってることがひどいくせに、そのひどさでもって、ぼろぼろの刃で敵を攻撃するわけです。謙虚さのない実例はもういくらでもありますが、同じこの『日本文法と文章表現』から引用してみますと、オレはこういう文法を考えたということを自慢話の会話体で書くわけですね。そのあげく——

「えらい文法ができたもんだな。先が楽しみだ。ほかに日本で、こういう文法考えた人、いる?」

「あんまりいない」

自分の文法論をこんな調子で自画自賛します。全くあつかましいけれども、しかし本当にその通りならそれはそれでいいんですよ。ところが果してそうかどうか、まことに怪しい〔192頁に注〕。同じ本からもう一つ、恐れ入った文体による自慢話を紹介しましょう。

そうそう、ぼく、わりに英語に強いのです。以前長いこと英語教師やってましたし、ホンヤク書も十冊ぐらい出してます。英語弱い人、英語なんて知らなくたって、けっこう間に合っているってよく言います。

けれど、英語にわりに強いぼくから見ると、英語なんて知らなくて間に合っているのは、その人、英語の本や雑誌読むことを必要としないような暮しをしているからです――国語家、日本にたくさんいます。英語わりに弱いです（このごろ、そのほかの外国語にも強い人、たくさん現われはじめていますが）。外国語よく読めない国語家、少し気の毒です。いま、世界の言語研究の水準、どんどん上がっていってますけど、どんなところまで行っているか、その人、知りません。中でもいい人だけ、日本語に訳されてから読みます――訳されるの十年おくれます。外国文献読まない人、結局、自分の穴の中で一生終わってしまうんです。学問ものびません。さらに、その人のいい才能、世の中が狭いために大きく発展せずに枯れてしまうんです。残念です、これでは。

◇切れ味のいいコトバ⇅鋭い論理的思考力――ぼく、わりに文法に強いです。人の、

話したり・書いたりしているのを聞いたり読んだりしていて、思います、

「ああ、この人、文法的思考力弱い——だから、論理の力も弱い。惜しい。自分でもっとコトバをキチンとつかえたら、もっと切れ味のいいコトバがつかえるのに。切れ味のいいコトバがつかえれば、もっと論理的思考力が発揮できるのに、惜しい」

と、思いどおしです。ぼく、一言注意してあげたいと思っても、——その人、文法知識少ないから、文法用語知りません。文法用語つかえばパッとつたわることも、文法用語つかえないと、つたわりません。つたわらないから、ぼく、言いません。*ほんとは、本人が、自分で、文法知っていると、自分の話しの伝わらずや文法の手ぬかり自分で見直して、「ああ、そうだった、補文素を落としたから通じなかったんだ」

などと、自分でパッと反省できるのです。


*こういう経験、「文法」を自分の勉強の中心においてもう三十年、児童言語研究会創立して二十三年（毎月例会・研究会たくさん）、日本コトバの会創立して二十二年（毎月八つの部会開会）、日本話しコトバ教育研究会創立して十七年（毎月研究会）、それぞれ文法勉強さかんになるばかりの民間・言語研究団体に現役研究者として参

加、東京都立大で助教授から教授合わせて十四年文法指導してきたぼく、コトバ関係著書三十二冊書きあげたぼく、このこと、自信をもって言えるのです。

それでは問題点の検証にうつります。この本にテンの打ち方の原則がずらっと並べてあるのですね。これは実は大久保さん自身がやったことじゃなくて、まずこれまでに句読点について書かれた主な本を列挙し、その中で一番いい例として、永野賢という日本語学者の『学校文法概説』（朝倉書店・一九五八年）を引用しているわけです。それによれば原則は二〇カ条ということになりますが、大久保氏はこれを単に引用しているだけではなくて、そのうち「ぼくが必ず打つ必要ありと認めたもの」を一六カ条選び、番号をゴチックにしてあります。（ついでながら、永野賢氏はとくに助詞・助動詞についてすぐれた業績のある学者ですが、たいへん謙虚な方です。）以下にそれを引用しますが、番号のゴチックだけではわかりにくいので、大久保氏が「必ず打つ必要あり」とした一六カ条は番号のみならず文もゴチックにしました。この一六カ条こそが、私の検証の主目標であります。

一、文の主題となる語のあとにうつ。

（イ）叙述の主題となる語のあと。
ゾウは、鼻が長い。

〔注意〕主語・述語の関係にある語句が短いばあいは、主題のあとでも、うたなくてよい。
（ロ）助詞のつかない主語のあと。
わたし、存じませんの。
二、役わりの同じ語句が並ぶばあい、そのあいだにうつ。
（イ）重文のばあい。
おじいさんは山へシバ刈りに、おばあさんは川へせんたくに行きました。
（ロ）一つの文の中に、述語が二つ以上あるばあい。
あかんぼうが目をさまして、泣きだした。
（ハ）語句が二つ以上ならぶとき。
静かな、明かるい朝です。
〔注意〕ナカテン「・」を用いてもいい。
春・夏・秋・冬
（ニ）同格関係の語のあいだ。

三、それはイギリスの少年、ジェームズ・ワットであった。

叙述に関する限定や条件などを表わす語句には、つぎのようにうつ。

（イ）限定や条件を表わす前おき文のあと。

犬が追いかけてきたので、ぼくは走って逃げた。

（ロ）限定や条件などを表わす文を主文のあいだにはさむばあい、はさんだ文の前とあと。

ぼくは、犬が追いかけてきたので、走って逃げた。

〔注意〕（イ）（ロ）は「ので・ば・と・が・ても・て」などの、接続助詞またはこれに準ずるもの。

ただし「――といい」とか「……てもかまわない」などの慣用句的なもののばあいは、うたない。

（ハ）時・ばあい・場所・方法などを表わす語句が、文全体を限定するばあい、その語句のあと。

その時、戸があいた。

（ニ）接続詞のあと。

すると、門がぱっと開いた。

〔注意〕接続詞を文の中にはさむばあいには、その前後にうつ。

それは、しかし、問題だね。

(ホ)文のはじめに用いる副詞のあと。

もしも、雨が降ったら……

(ヘ)感動詞・呼びかけ・応答などのことばのあと。また間投助詞のあと。

おお、寒い。

(ト)語句をへだてて修飾するばあい、または、並列したいくつもの語句を修飾するばあい、修飾する語のあとにうつことがある。

優秀な成績をおさめた、A君の涙ぐましい努力。

京都の、おじさん・おばさん・太郎君によろしく。

四、文の成文を倒置したばあい、つぎのようにうつ。

(イ)主語が文の中間に置かれたばあい、その前にうつ。

やぶの中から、ウサギが出て来た。

(ロ)述語が文の中間に置かれたばあい、そのあとにうつ。

ぼくは知らないよ、そんなこと。

五、会話文・引用文などカギで囲んだ前後は、つぎの原則でうつ。

（イ）カギの前では必ずうつ。

（ロ）次郎が、「あれはなんだろう」と言った。

カギを「と」でうけて、それが叙述のことばに直接つづかないばあいは、「と」のつぎにうつ。

「かわいそうに」と、涙ぐんだ声でふりむいた。

〔注意〕カギがないばあい、つぎのようにうつことがある。

弟は、もう帰ろう、と言う。

六、読みあやまりや読みにくさをさけるためにうつ。

（イ）読みあやまりをさけようとするばあい。（**大**・左の例はいい例）

大急ぎで、逃げた男のあとを追いかけた。

（ロ）読みにくさをさけようとするばあい。（**大**・これも、、までひとつづきであることを示してくれる）

裏の山の松の木の上の鳥のすが、風でこわれてしまった。

七、息の切れ目や、読みの間（マ）のところにうつ。

カーン、カーンと、鐘が鳴る。

それでは、右の二〇カ条（とくにゴチックの一六カ条）の原則について、ひとつひとつ検討してゆきます。

〔一のイ〕「叙述の主題となる語のあと。」ということですが、例として「ゾウは、鼻が長い。」とあります。これはもう全くテンの必要などありませんね。「ゾウは鼻が長い。」でよろしい。むしろない方がいい。妙な原則です。もし打つとしたら、筆者が「ゾウは」のあとに打つことに特別な意味を含めるときだけです。つまり「思想の最小単位」のテンに当る以外には、むしろ打つべきではない。ご当人もそう考えたのか、「注意」として「語句が短いばあいは、うたなくてよい」とことわっています。これは話があべこべで、長い場合に主題を前に持ってくると「逆順の原則」になるからテンが必要になってくるわけです。

というわけで、この〔一のイ〕は無意味。

〔一の口〕助詞のつかない主語のあと。

例文は「わたし、存じません。」とありますが、これもどうして「必ずうつ必要」があるのかわかりません。「わたし存じませんの。」で一向にかまわないわけです。これもしかし筆者がもしそのとき「わたし」のあとに何か特別な意味をもたせようと思ったらうてばいい、もちろん。だけど原則としてはうつ「必要」など全然ありません。だからこの原則も無意味。

〔二のイ〕重文のばあい。

これは必要です。案例も好例ですが、ただこれは二原則のうち「長い修飾語の境目……」に吸収できないことはないというわけですね。

〔二のロ〕一つの文の中に、述語が二つ以上あるばあい。

例文で見ると「あかんぼうが目をさまして、泣きだした。」ということのようですが、これだって無くても全然困りません。「赤ん坊が起きて泣いた」には「赤ん坊が起きて、泣いた」としなければならぬ必然性などありますまい。単に重文での長さの問題（長い修飾語……の原則）です。

〔二のハ〕語句が二つ以上ならぶとき。

これだってなぜここに「必ずうつ必要」があるのか。なくても全くかまいません。「静かな明かるい朝です。」でいいじゃありませんか。これもむろん「思想のテン」となれば別ですが。

〔二の二〕同格関係の語のあいだ。

例文の「それはイギリスの少年、ジェームズ・ワットであった。」で考えるとき、むしろテンなんかない方がいい。あるいはナカテンにすべきことばでしょう。こういうところへテンを打ちますと、「論理としてのテン」の意味がここで侵害されてくるわけです。「イギリスの少年」のあとにテンがくると、ここで挿入句がきたんじゃないかと頭の中でヒラッと中断しちゃうんですね。ただナカテンを使うと「イギリスの少年・ジェームズ・ワット」というように、分かち書きとしてのナカテンと混用になってしまう。ですから私は、小学校の国語教科書などで使われていたように二重ハイフンを使って「イギリスの少年・ジェームズ＝ワット」というように書いています。ともかくテンは不要です。

〔三のイ〕限定や条件を表わす前おき文のあと。

例文は「犬が追いかけてきたので、ぼくは走って逃げた。」ですが、これも一向にテンの必然性はありません。例の構造式で述語を示せば次のような関係です。

犬が追いかけてきたので↙
ぼくは↓逃げた。
走って↘

つまり「長い順」となっているのですからこのままでもいいわけです。この場合テンが「あってもいい」かもしれませんが、決して「必要」ではありません。

〔三のロ〕限定や条件などを表わす文を主文のあいだにはさむばあい、はさんだ文の前とあと。

これは要するに「逆順」の原則にすぎませんね、この例文で見ますと。もし「長い順」であれば「犬が追いかけてきたのでぼくは走って逃げた。」となるところを、短い「ぼくは」が前に来たからテンが必要になっただけのことです。ということになると、例文の二つ目のテン（……追いかけてきたので、走って……）はむしろ不要です。「逆順の原則」の単純な例なのですから、「限定や条件……」といった難しいことを言う必要など全然ありません。こんなふうに複雑にすれば、応用しようとする作文実践者たちは混乱するばかりです。

〔三のハ〕時・ばあい・場所・方法などを表わす語句が、文全体を限定するばあい、その語句のあと。

また難しいことが書いてありますが、例文を見たら「その時、戸があいた。」ですって。なんでこれが「必ず打つべきテン」なのですか。なくたって一向にかまわない。なんにも必要ありませんね。

〔三のニ〕接続詞のあと。

これも絶対ではないわけです。なんにもなくたっていい。「すると門がぱっと開いた。」と書いても一向にかまわない。ただ強調するというような筆者の意図（思想のテン）があれば別ですが、原則にすることなどとんでもありません。「注意」として書かれている「接続詞を文の中にはさむばあいには、その前後にうつ。」も同じことで、ちっとも「必要」ではありません。「それはしかし問題だね。」でよろしい。

〔三のホ〕文のはじめに用いる副詞のあと。

これも前項の接続詞の場合と同じで、関係ありません。「もしも雨が降ったら……」でちっともかまわない。

〔三のヘ〕感動詞・呼びかけ・応答・間投助詞などのあと。

これは、原則の中に私もはじめは入れていたのですけれども、すでに申しましたように「論理的原則」としてのテンの必然性に欠けるところがあり、マルか、あるいは無くてもよい場合が多い。ここにあげられている例「おお、寒い。」なんかも「おお寒い。」でいいじゃありませんか。これも強調したいときは別ですが、少なくとも「必ず」では決してありません。

〔三のト〕語句をへだてて修飾するばあい、または、並列したいくつもの語句を修飾するばあい、修飾する語のあとにうつことがある。

奇妙なことに、永野氏は「うつことがある」としているだけなのに、大久保氏はこれをゴチックにしていますから、どうも「必ず」の原則に加えているようですね。で、どんな例かといいますと――

㋑　優秀な成績をおさめた、A君の涙ぐましい努力。
㋺　京都の、おじさん・おばさん・太郎君によろしく。

まず㋑を考えてみます。この文例は「語句をへだてて修飾するばあい」として出しているようですから、そうすると「……おさめた」は「努力」にかかって次のようになるわけです。

優秀な成績をおさめた↙
A君の　　　　　　　↓努力
涙ぐましい　　　　↘

つまり「おさめた努力」という意味であれば、このテンはなるほど「あってもよい」

と思います。しかし本当は「長い順」にして——

優秀な成績をおさめた涙ぐましいA君の努力。

とする方が「より良い」でしょう。ただこれだと、例の親和力の問題がからんでくる。「……おさめた」は「A君」にかかると見てもおかしくはないのです。もし「努力」にかかることを正確に読者に伝えようというのであれば、この誤解をさけるための最良の方法は「A君」を次のように冒頭に置くことです。——

A君の、優秀な成績をおさめた涙ぐましい努力。

これで正確になりますが、「A君の」は逆順ですからテンが必要になります。しかし、仮にもし「……おさめた」が「努力」にかかるのではなくて、「……おさめたA君の……」と、「A君」にかかるつもりであれば、このテンは絶対に打っては「ならぬテン」です。そうではなくて、「語句をへだてて……」ということで「努力」にかかるのであれば、これは「長い修飾語の境界」の原則に近いものとみなしてテンを認めることができますが、決して好例ではありません。
次の例文㋺の場合、「京都の」はすぐに直結して「おじさん……」にかかるわけですから、これはなくてもよいのではないか。あとのほうの「太郎君」にもかかるという意味では、あってもいいでしょう。しかしもしここにテンをうつと、直結しないでどこかもっと先の方にかかるかのように瞬間とられる恐れがあります。これがたとえば次のようであればテンは必要です。

京都の、おじさん・おばさん・太郎君らが住む太秦《うずまさ》という所は……

つまり「京都の」が「太秦」にかかるという意味でテンが必要（逆順の原則）になってくる。
ただ原文でテンを除いて「京都のおじさん・おばさん・太郎君によろしく。」とした場合、京都にいるのは「おじさん」だけで、おばさんと太郎君は京都以外にいるときと区別できなくなる場合が、情況によっては出てくるかもしれません。京都におじさんだけしかいない場合には、誤解を避ける方法は「京都のおじさん」をあとにすることです。

おばさん・太郎君、それに京都のおじさんによろしく。
おばさん・太郎君・京都のおじさんによろしく。

などといった方法が考えられましょう。

ともかく「京都の」のあとのテンが「必ずうつべきテン」とは申しにくい。

〔四のイ〕主語が文の中間に置かれたばあい、その前にうつ。
これもテンとは何の関係もありません。例文を見ても「やぶの中からウサギが出て来た。」とテンなしで一向に問題なし。

〔四のロ〕述語が文の中間に置かれたばあい、そのあとにうつ。
これは要するに倒置文ですから、逆順の原則としてむろん必要です。

〔五のイ〕カギの前では必ずうつ。
これも全然必要なし。この例だと「次郎が」のあとにテンがあるのは、カギカッコとは無関係に「逆順の原則」だからです。つまり――

「あれはなんだろう」と↙
　　　　　　　　　　　　言った。
次郎が↘

となって「次郎が」の方が短いのですから、順序からすれば、「『あれはなんだろう』と次郎が言った。」とすべきところを、逆順にしたからテンが必要になっただけ。

〔五のロ〕カギを「と」でうけて、それが叙述のことばに直接つづかないばあいは、「と」のつぎにうつ。

例文をみると、これもカギカッコとは何の関係もなく、単に「長い修飾語が二つ以上」の原則にすぎません。すなわち——

「かわいそうに」と↙
　　　　　　　　　ふりむいた。
涙ぐんだ声で↘

〔六のイ〕読みあやまりをさけようとするばあい。

この例文に大久保氏は「いい例」とコメントしていますが、これは正に単なる逆順の原則そのものです。つまり――

① 逃げた男のあとを↙
　　　　　　　　　　追いかけた。
② 大急ぎで　　　　↘

この通りに「長い順」に従って「逃げた男のあとを大急ぎで追いかけた。」とすればテンなどいりません。それを逆順にして「大急ぎで」が先に来たから、だからテンが必要になりました。結果として「読み誤りを避ける」ことにもなりましたが、それが原則ではありません。「読み誤り」というような問題は親和力として考えるべき別次元の問題ですから、テンの論理と混同させない方がいいでしょう。

〔六の口〕 読みにくさをさけようとするばあい。

読みにくさを避けるためだけにテンを使うのは、前項と同じように別次元の論理と混同して本来のテンの役割を侵害しますから、むしろやめるべきテンであります。しかしこの例文でみると、べつに「読みにくさ」問題とも無関係な、まるっきり無意味に近い、無用きわまるテンです。つまり――

　裏の山の松の木の上の鳥のすが↙

　　　　　　　　　　　　　　　こわれてしまった。

　風で↘

　という関係ですから、これは「長い順」であればテンは一つもいりません。わかりにくくもない。（もし「風で」を先にすれば「逆順」となってテンが必要になります。）どうしてこんな例文がここで出てくるのか理解に苦しむところです。

〔七〕息の切れ目や、読みの間（マ）。

　例文で見たところこれも「必要」ではありませんね。「カーンカーンと鐘が鳴る。」で少しもかまわない。むしろない方がよろしい。例文のように「カーン、カーンと、鐘が鳴る。」としますと、それこそ「肺活量の問題」になって、セカセカしてきますね。だからセカセカさせるのが目的なら、思想のテンとして打つこともあるでしょう。しかし「原則」では断じてありません。

　以上で二〇項目全部の検証を終りました。結果をまとめますと、「必要」なテンはわずか三項（「二のイ」「三のロ」「四のロ」）にすぎません。しかしそのうち二つ（「三のロ」「四のロ」）は「逆順の原則」として統合されますから、結局は二原則が残るだけとなります。

このあと大久保氏は、「これまでに出たところを、ちょっと整理してみよう。」といって次のような一〇カ条をあげておられます。

一、文法的に文中で成分の機能を明らかにするために

1 重文の切れ目

2 重なった述語の切れ目

3 文全体を修飾する語が、文頭や文中にきたとき

4 文頭にくる接続語句のあと

5 重なった修飾語句の切れ目

6 同格の語句が二つ以上ならぶとき

7 副次的な文を文中にはさむとき

8 倒置語句の前後

二、読みあやまりをさけるため

1　修用が、すぐあとの用言でなく、先の文の述文素を修飾するとき
2　長い修体や修用と被修飾とを、ひとまとまりに結びつけて読ませようとするとき

右の一〇項目は「ぜひ必要なところとしてしぼってみた」ということですので、これまでの私の検証を適用してさらに「しぼって」みます。

「一」（文法的に……）から順に検討しますと、①は重文（長い修飾語と同原則）だからヨシ。②は無意味。③は逆順でヨシ。④は「思想のテン」の類だから不要。⑤は「長い修飾語……」の原則でヨシ。⑥は短いときはナカテンがよく、長い言葉になれば「長い修飾語……」の原則に統合されてヨシ。⑦も⑧も「逆順」でヨシ。「二」の①は逆順。②は無意味か、あるいは「長い修飾語……」の原則。

やっぱり「二原則」にしぼられてしまいました。実は、この二原則はきわめて重大な意味を持っていて、日本語とは全く異る体系の外国語、たとえばイギリス語・ロシア語・モニ語・エスキモー語・スワヒリ語などにも通ずるところがあるのではないか、いや全人類の言語に通ずるコンマ原則ではないかという壮大な仮説を夢想しているのですが、勉強不足と時間不足でそこまでまだ検討しきれません。ここの聴講生の方々の中で、

どなたか試みて下さると有難いのですが……。

＊

では、以上で「テンの打ち方」の実戦編を終ります。なんと、たった二つの原則しかないことがわかったのですから、作文の実践をする上でもキラクでしょう。ただしこれはあくまで私の仮説ですから、重大な第三の原則がまだ発見されるかもしれません。そこは「謙虚に」保留しておきたいと思います。あとは「思想のテン」として、強調なり何なり筆者が意味をもたせたい所に自由に打って下さい。「自由に」といっても、決してむやみと多く打ちすぎないように。多くなるほど、テンのひとつひとつの意味は弱くなり、比重が軽くなってゆきます。

テンの少ない人の例として、吉本隆明氏の文を引用しておきましょう。ある画家についての文章の、冒頭から最初の段落までです。――

山下菊二が与えた最初の印象は鳥の性格や感情を人間とおなじように解する人というものであった。あるとき大塚睦と一緒にやってきて鳥たちとの同棲生活についてつぶさに語り出した。その話はむきになって鳥たちと反目したり意地を張ったり愛しあったりする物語になっていたので、特異な鳥と人との家族生活を見るおもいで、すぐに強く惹き込まれていった。それとともにこの画家の特異な人格的な吸引力がすぐに理解された。鳥たちとの同棲生活には餌をやり糞便の始末をし、病気になると親身に看護してやるといった、世の動物愛好者が誰でもやっているにちがいないこまごまとした手続きがとられているという意味ではどこにも特異さはなかった。ただ文字通り鳥たちと同棲しているという一点にその生活譚の特異さがあった。世の愛好家たちも鳥を飼い世話をし愛玩するにちがいない。あるばあいにはじぶんの子供のように大事にあつかい、子供にたいするとおなじ愛執をそそぐにちがいない。けれど度を越した動物愛好家たちが時に嫌悪を感じさせるとすれば、その愛玩が代償行為の残像をひきずっているからのようにおもえる。亡くしたわが子の代償であったり、亭主と疎遠になった捌け口であったり、恋人に去られた傷あとの補償であったりというように。動物は愛好家たちの心理的な欠如の等価物なのだ。山下菊二の鳥たちとの同棲生活も必ずや何かおおきな欠如の代償にちがいない。ただこの欠如は世の愛好家たちのようなたんなる心理的代償ではないことは明瞭であった。かれが鳥たちとの同棲生活を語るとき、これらすべての愛好家たちと異っていた。鳥としかれは鳥と同等の資格において生活を共にしていることがすぐにわかった。鳥として愛玩しないかわりに鳥たちが振りまく一切の行為を是認している。鳥たちはそこでは人間そのものであり、山下菊二はそこでは鳥そのものであって、飼鳥と飼い主の人間の関係などではさらさらない。鳥たちはかれにたいして嫉妬し、ひがみ、悪たれをつき意地悪をするかとおもうと、異性のように慕い寄ったり同性のように反発したりする。かれの方もむきになって反応していることがわかる。かれの話術のなかに登場する鳥たちは人間の感情をもっているし、まったく人間的に振舞っていることがすぐに判った。それはかれのほうが鳥の感情をもち、鳥として振舞うようにその生活の歯車が必然的になっているからだと思われた。

(『くずれる沼——画家・山下菊二の世界』=すばる書房=から)

最後に、本書で述べたようなテンの打ち方の原則とたいへん一致している文章家の実例として、串田孫一氏の著書から引用しておきます。宿題として検討してみて下さい。

小学生の作文集を推薦する。それも教育ということに余り毒されていない先生が、誤字を訂正する程度にとどめて、表現その他には全く手を加えていない作文集を特に推薦したい。

何故なら、印刷されて立派な本になった作文集は必ずと言っていい程整えられてしまっているからだ。私は子供の作文を専門に検討したことなどはないが、大人が手を加えた箇所は歴然としていてすぐに分る。

たった一度、全国から集められた小学生の作文の審査に加わったことがあるが、集められる前に、先ず学校で選ばれ、次にその地方で選ばれ、更に、審査委員に余り数多くの作文を読ませるのは気の毒だという配慮から、また選ばれて、私の読まされた三十篇程の作文は、どれもこれも優等生の作文ばかりであった。

優等生と言う言葉は成る程余り芳しくない場合に使われる傾向があるが、最後に残された作文も、何れも確かに優等生のものと言いたくなるものばかりだった。

子供は手もよごれている。顔を洗うのも好まないし、放って置けば着物もよごれている。如何にもそういう子供が書いたようなものは一篇も残されていなかった。どれもこれも、散髪をし、風呂に入れられ、新調の服を着せられた姿しか想像出来ないような作文で、味も何もないものばかりだった。

私は一番最初に学校内で篩《ふる》い落とされた中には必ずいい作文があったに相違ないと、そればかりを惜しく思って、審査に全く気乗りがしなかった。

こういうものが教育熱心な親に読まれた時の悪い影響、恐ろしい結果は説明する必要はない。そうかと言って、大人の手の加えられていない子供の作文を読んだ親が、自分の子供に対して抱いていた不安が消えるなどというつもりで薦めてはいない。私の願いは、何処のどういう子供が書いたのか分らない、偽り事の少ない文章に接して、子供に対する親の、或いは大人の偏見を充分に訂正して貰いたかった。そして、そこまで口出しは出来ないことかも知れないが、いわゆる優等生と言われて密かに軽蔑されているような子供になることを願わないで戴きたいという気持も含まれている。

（串田孫一『小さくなる親』＝スキージャーナル社・一九八一年＝の「優等生」から冒頭二ページ）

＊　　＊

〈質問〉小学校か中学校時代ですが、テンをうつ場合の方法について先生が「息継ぎ」ということを教えたことを覚えているんですね。そのとき二つぐらいの文章を例に出してまして「この人は相当肺活量が多いのかもしれない。テンをうつ間隔が非常に長い」ということを習ったことを今思い出したんだけれども、いま本多さんの話をきいて「息継ぎ」なんていうことは全然異質なものだっていうことがわかりました。本多さんがこれまでに読まれたいろんな作文の本の中に「息継ぎ」のことは触れられていませんでしたか。

〈**本多**〉 記憶に残っているほどの本には出てきません。しかしそのことをどこかで読んだ覚えはあります。悪いけど、こんなことを原則にする著者はかなり幼稚な段階にある方でしょう。ちゃんとした本にはこういう話は出てきません。テンはあくまで構文のための論理です。もし一ページ全部にわたってテンもマルもないような文章があったとしても、それが論理的必然の結果ならそれでよろしい。反対に、たとえば「逆順」の原則が次々と重なればテンはうんと多くなります。ドイツ語をやった人なんかは知っているでしょうが、ドイツ語には一ページくらいテンのない例も珍しくありません。だけど理路整然としていれば実にわかりやすいわけですね。もし声を出して（朗読して）あのドイツ語を読んだら、一ページ分の肺活量というのは大変だと思いますよ。実際には適当なところで息継ぎをするでしょうが、そこにコンマがある必要など少しもありません。

ただし、これは「一般的に」の話ですが、日本語の文章で異常に長い場合、テンを論理的にうつと「テンもマルもない長い文章」となり、実にへたくそな文章になることがあります。これは法律家の文章——とくに判決文に多いようです。判決文のひどいのを読むと、ある分野にだけ偏った「受験勉強」をさせられた人間の末路を見る思いがして、しかも本当の勉強をしてこなかった真の「不勉強」に気づかぬ〝受験秀才〟に憐憫の情を覚えるのであります。しかし、「へたくそな長い文」も「長いから」へたくそなのではありません。いくら長くても分りやすくて立派な文章はある。またそういう判決文のひどいのをよく検討しますと、テンのうち方が全くデタラメなんですね。さっき私は『テンを論理的にうつと『テンもマルもない長い文章』となり』と申しましたが、実はひどい判決文はテンが論理的でないために、案外たくさん打ってあって、従って「テンもマルもない長い文章」ではないのです。ところがそのテンがデタラメなもんだから、あの「うってはならぬテン」によって論旨が一層ひどいことになっている。その「ならぬテン」を削除して改良すると、結果として「テンのない長文」となるわけです。土台がヘタクソな判決文なのですから、責任は「長い」ことでも「テン」にあるのでもない。もっとわかりやすく、整然とした土台に作りなおせば、結果として「テンもマルもない長い文章」ではなくなるでしょう。それはしかしあくまで結果ですから、「テンもマルもない長い文章」でかつわかりやすい文章というものも別に存在することに変りはありません。ただそういう文章が書ける人は相当な達人ですから、自信のない人は長文はさける方が無難だというだけのことです。

（横浜「朝日カルチャーセンター」の講義から）

六、裁判の判決文を分析する

職業としては私は新聞記者ですが、もともと理科畑で育ったせいもあって、司法関係の世界に関しては全くシロウトであります。事件記者（サツまわり）はかなりやりましたが、裁判は一度も担当しなかったので、法廷を傍聴したことさえもありません。しかしこれは決して「良いこと」とは思っていませんので、これからは機会をとらえてなるべく傍聴したいものです〔注〕。

そんな次第ですから、法律関係の文章を読むこともまことに少なく、仕事上の何かで直接必要になったときに六法全書を見るか、それでだめなら会社で『現行法規総覧』の一〇〇巻近い中からその部分だけ見るていどです。ただ、特別に興味のある事件についての判決があったときなど、その判決文を見ることもあります。ここに実例としてあげる次の一文は、そのような私の関心を引いた比較的最近の事件の判決文からの引用です。

＊

本件控訴の趣旨は、互に相関連する多岐にわたる理由をあげ、原判決に法令の解釈適用の誤りがあると縷縷論難しているものであるが、その骨子は、原判決が、本件そのかし行為によりその漏示がしょうようされた秘密は、その漏示に対し刑事罰をもって臨むに値する実質秘に当たるものであること、被告人の本件所為が国家公務員法（以下国公法と略称）一一一条所定の同法一〇九条一二号の所為の「そそのかし」の構成要件に該当すること、及びその漏示のしょうよう行為が、新聞の公共的使命を全うしようという目的をもってする取材目的でなされたが、その手段方法について相当性に欠ける点があったことを認めながら、本件しょうよう行為によって外交交渉の能率的効果的遂行が阻害される危険の程度が、右のしょうよう行為によってもたらされる国民的利益や将来の取材活動一般によって支えられる国民的利益の程度をりょうがしていないとの判断を加え、この利益の比較衡量及び目的の正当性の程度を考慮に入れれば、本件しょうよう行為は、正当行為性を帯びるといい得る程度のものであるから、結論として、被告人西山の行為が、正当行為に該当しないという点の証明がないことになるとして、被告人に無罪の言い渡しをしたものであるところ、所論指摘の各点において、原判決は、法令の解釈適用を誤り、罪となるべき行為を無罪としているものであるから、原判決を破棄のうえ、適正な判決を求めるというに尽きるものである。

＊

右の内容ですでにお気付きと存じますが、これは「公電漏洩事件」（または「沖縄密約事件」「西山記者事件」）二審判決の「理由」の冒頭に現われる一文であります。ここにおられる皆さんは法律の専門家となるべくこれまで勉強してこられた方々ばかりですから、こういう絶望的な日本語でも一読してすぐにそのまま頭にはいるのかもしれません。……そうでしょうか。……一読してわかりますか？　このままでスッと頭にはいる方は手をあげてみて下さい。……ハハア。一人もおられないようですね。では、一読しただけではわかりにくい方は？　……こんどはたくさん手があがりました。そうしますと、皆さんのように法律の文章になれた方でもこの文章はわかりにくいわけですね。私の周辺にいる新聞記者や大学教授にきいてみても一人もいませんでした。

いずれにしましても、これは一読して直ちには理解できないのが普通であります。理解できる人があるとすれば、それは長年このような奇怪な文章ばかり読んで馴れたからにすぎないでしょう。東京弁護士会の佐伯副会長や友人の司法記者のお話ですと、それでも最近はかなりよくなってきたのだそうですから、以前はどんなだったのか想像を絶するものがあります。

それでは、ここに出した例文がなぜこんなにわかりにくいのかを、文章技術の面から分析して考えた上で改良してみることにしましょう。

順序としてまず目をつけるべきは、この文章の述語はどこにあるかです。こうした場合、いわゆる「主語」がどこにあるかをまず考えよ、などという日本語――よく「国語」といわれますが、これは論理的に不正確で奇妙な言葉ですから、私は日本語と申します――の教師がいますけれども、そんなことをしても全く無益であります。なぜか。

第一に、日本語に「主語」というもの、あのフランス語やイギリス語でたいへん重要な主語というもの、あれに当るものが存在するかどうかが実にあやしいからです。三上章という独創的文法家がいて、残念ながらもう亡くなりましたが、この人は「主語廃止論」を主張していました。日本語に限らず、主語という概念を必要としない、いやむしろそれが有害になる言語はたくさんあります。しかし、断乎として「日本語にも主語はある！」と主張しつづける文法家も、むろんまだありますが、日本語主語なし説の方が時とともに有力になりつつあるようです。しかし私は文法家ではないし、文法家になろうとしているわけでもありませんから、私自身がこの論争の渦中にはいる気はありません。ただ、こういうことはできます。私は少なくとも日本語を書くことを職業とする者の一人である。日本語の現場にいる。なんとかして正確でわかりやすい、したがって論理的な日本語を書こうとは思っている。（「美しい」「立派な」日本語というような表現は主観的で危険ですから避けます。）そのような立場にある者がこの「主語論争」の優劣を判断する方法は、実際にその説を現場で応用・実験してみることであります。

これがさきに「主語捜しは無益だ」と言った理由の第二につながります。実験してみればわかりますように、いわゆる「主語」とされる言葉を捜し求めて、それがあったとしても、そのことによって文章を「正確でわかりやすく」することになど何の役にも立たないのです。反対に、主語は存在しないという前提で考えて文章を書くと実にやりやすい。それに、主語存在論を最も強硬に主張するある文法家自身の文章を拝見しますと、不正確でくずれた（したがって下品な）文が実に多いんですね。ひどい場合は文法としても誤った文を書いているところがある。こういう現象は、皆さんもよくご存知のあの「矛盾」という言葉の起源を思い出させます。

ここにとりあげた例文はたいへん長い一つの文です。（ただし長いこと自体は決して

「わかりにくい」ことの原因になりません。）文が長いと、述語がいくつもあって重文になっていることがありますが、この場合はどうでしょうか。冒頭から読んでいきますと、まず「……縷縷論難しているものである（が）」で文意がひとつ完結します。この場合の「完結」は文がマルで切れるということではありません。修飾と被修飾の関係、つまり「かかる側」と「かかられる側」（うける側）との関係がここで全部終了するということです。その「完結」「終了」の役目を果すのが述語に当ります。その関係を化学構造式風に示しますと次のとおりです（**表1**）。

〈**表1**〉

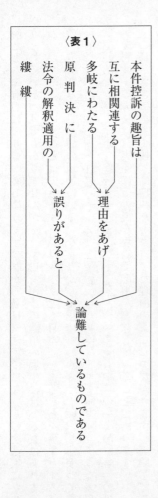

本件控訴の趣旨は
互に相関連する
多岐にわたる
理由をあげ
原判決に
法令の解釈適用の
誤りがあると
縷縷
論難しているものである

つまりこの表によって、すべての「かかる側」の言葉が「論難しているものである」でまとめられていることがハッキリします。したがってこれは述語です。しかし「文」はまだ終りません。接続助詞「が」によってあとにつながります。

次いで「その骨子は」とか「原判決が」……と出てくる「かかる側」の言葉を片端から拾ってゆき、それを受ける言葉がどれなのかを捜してみます。とにかく出てきた順序から拾ってみましょう。「その骨子は」はどこにかかるでしょうか。

ここで絶望的な格闘が開始されます。いったいこれはどうなっているのか。どこまでいっても「その骨子は」を受けるであろう述語は現われません。いや、現われるのかもしれないけれど、あんまりその間にいろいろ出てくるので、現われたのか現われなかったのか混乱してわからなくなり、もう「どうにでもなれ」と思って義務的に読みすすむうちに、やがて文はマルで終り、そこには「尽きるものである」という述語らしきものがすわっています。ことによると、これかもしれません。しかしそれ以前にも述語「らしきもの」は出ていますから、どうもあまり自信が持てません。ハッキリと断定するためには分解してみなければダメなようです。仕方がないのでこういうときはわかる部分からやっていきます。

「その骨子は」はわかりにくいから放置しておいて、次の「原判決が」のかかる言葉を捜してみると、これまた実にわかりません。これも放置します。次の「本件そのかし行為……秘密は」のかかるのは、どうやら少しあとの「当たるものであること」のようです。しかし断言はできません。なぜなら、「……あること」というように体言止めで切れた言葉というものは、あとにつづくべき助詞として何でも想定できます。「……あることと」「……あることを」「……あることに」などいろいろが可能です。だから「……あること」が新しい別の「かかる側」の言葉かもしれません。しかしもっと読んでいくと「……に該当すること」という言葉がまた現われ、さらに「及び」でつながってもひとつ「……欠ける点があったこと」が現われます。そのあとに「を認めながら」とくる。すると三つの「……こと」は、すべて「を」という格助詞につづくことがわかりますから、最初の「……あること」は「あることを認めながら」とつづくことになります。そうであればここには三つの同格の従属節が並んでいることもわかります。ここまできてようやく、「原判決が」は「認めながら」にかかることがわかりました。このあたりの関係を表にすると次のようになりましょう（**表2**）。

〈表２〉

原判決が、
①本件そそのかし……秘密は、……実質秘に当たるものであること、
②被告人の本件所為が……「そそのかし」の構成要件に該当すること、
③その漏示のしょうよう行為が、……相当性に欠ける点があったこと
を認めながら、

この表に示された範囲の中だけでも問題はまだたくさんありますが、とにかくまず「かかる側」「うける側」の関係だけでもハッキリさせなければ先へすすめません。なにしろ述語がまだ確定していないのですから。

つづいて「本件しょうよう行為によって……阻害される危険の程度が」と、また新しく「かかる側」が現われます。これは読みすすむと「りょうがしていない」にかかることが比較的容易にわかる。すると次の「との判断を加え」は「うける言葉」ですから、判断を加えるのは何だろうと主格（主語ではない）を捜し求めますと、どうやら「原判決が」にぶつかります。となると、「原判決が」はさきに「認めながら」にもかかっていたのですから、ここにもうひとつの「かかる言葉群」があることがわかった。このぶんではまだありそうです。

こうして次の「この利益の比較衡量……言い渡しをしたものである」という長い一群が「原判決が」のかかるべき第三の集団であることに気付きます。

以上の分析によって、「原判決が」のかかる射程（磁場とか範囲とか言ってもよいでしょう）は次の表のようになります（**表３**）。

〈表３〉

原判決が

㈠ ｛①本件そそのかし…実質秘に当たるものであること、
②被告人の……構成要件に該当すること、
③その漏示の……欠ける点があったこと｝を認めながら、

㈡ ｛本件しょうよう行為によって……程度をりょうがしていない｝との判断を加え、

㈢ ｛この利益の比較衡量……証明がないことになるとして、｝（被告人に）無罪の言い渡しをした

ここまで来てもまだ前述の「その骨子は」を受ける側が出てきません。文はさらに「ところ」という接続助詞であとにつづきます。しかしここまでの作業が終っていれば、

あとの文は比較的わかりやすいでしょう。「原判決は……罪となるべき行為を無罪としているから……破棄してやりなおせ」という意味です。ようやくここで「というに尽きるものである」という「うける側」が「その骨子は」を受けていることがハッキリしました。

以上の分析結果をスジだけたどって表にすると一六五ページの通りです（**表4**）。こうしてみますと、この一文は大きくⒶとⒷに分けられ、そのⒶⒷ二つは平等な重文関係にあります。そしてⒷの長大な「入れ子」の中にBⅠ、BⅡ、BⅢという三つの平等なグループが重文としてはいりこみ、しかもそのうちBⅠはまた〈**表3**〉のような入れ子になり、その中に㊀㊁㊂という三つの重文をかかえ、さらにまたその中で㊀が①②③という三つを入れ子にして孕《はら》むという次第であります。

職業がら私もこれまでにいろいろなタイプの文章を見てきました。しかしこれほど猛烈な、ひどい文は初めてであります。よくもこんなものを作ったもんです。パズルか何かを作る目的で、あらかじめ組み込むものを用意しておいて、ヨーイドンで全力をあげて複雑に組み立てたらこんなことになるでしょうか。こういう馬鹿げた「作品」は、しかし馬鹿では創れないでしょうから、一種の天才かもしれませんね。

それでは何がこのようにわかりにくい悪文にしているのかを、さまざまな角度から検討してみましょう。

その一。大きな問題からやっていくとして、まず「入れ子構造」を問題にしましょう。これは決して日本語に限りません。かかる側とかかられる側、修飾する側とされる側が遠く離れているほどわからなくなります。その典型が「その骨子は」と「というに尽きるものである」の関係であります。これはたとえば「その骨子は以下の通りである」とか、「それを要約してみると」として入れ子をはずすこともできます。「原判決が」と「ものである」（〈**表4**〉のＢＩ）の関係も同様です。これらは次の例文をいつも頭におけば参考になるでしょう。

弁護士は被告が検事が判事が死んだ現場にいたと証言したのかと思った。

これは入れ子構造だからわかりにくいのですが、入れ子を機械的にはずせば次のようになります。

判事が死んだ現場に検事がいたと被告が証言したのかと弁護士は思った。

〈**表４**〉　本件控訴の趣旨は、

Ⓐ
　Ⅰ互に相関連する……理由をあげ、
　Ⅱ原判決に……誤りがあると
　Ⅲ縷縷
論難しているものである

が、

Ⓑ
その骨子は、
原判決が、
　㊀
　　①本件そそのかし…実質秘に当たるものであること、
　　②被告人の…構成要件に該当すること、
　　③その漏示の…欠ける点があったこと
　を認めながら、
　㊁本件しょうよう行為によって…程度をりょうがしていない
　との判断を加え、
　㊂この利益の比較衡量…証明がないことになるとして、
　被告人に無罪の言い渡しをした
ものである

（BⅠ）

ところ、

（BⅡ）

原判決は、
　ⓐ所論指摘の各点に……誤り、
　ⓑ罪となるべき……無罪としている
ものである

から、

（BⅢ）

　㋑原判決を破棄のうえ、
　㋺適正な判決を求める
というに尽きるものである。

その二。接続助詞の悪用。日本語の論理を決定する最も重要な品詞は助詞です。これひとつで意味が正反対になったりしますから、よほど注意しなければなりません。どうでもいいときは使わないことです。いたずらにわかりにくくするだけですから。とくに接続助詞を悪用すると、文と文の関係がわからなくなってしまいます。ここでいえばⒶとⒷをつなぐ「が」がその典型でしょう。つまりⒶで控訴の趣旨を述べておいて、かつ、「が」というとき、ふつうⒷには「しかし……」といった逆接的内容が期待されます。ところがⒷの内容は、前にも述べた「趣旨」について、こんどは「骨子」としていくらかくわしく反復しているにすぎません。もちろん「が」にはこうした用法もありますから、べつに文法的に誤りなのではありませんが、読者はこの「が」によって文の理解を助けられるどころか、全くマイナスに作用して妨害されます。この場合だったら「が」を除いてしまうだけでも、よほどわかりやすくなるでしょう。

BⅠとBⅡをつなぐ接続助詞「ところが」にしてもかなり問題です。これも文をここで切ってマルにしたあとで「ところ」とハッキリ逆接にするほうがわかりやすくなります。

その三。読点、つまりコンマに当るテンの打ち方のまずさ。これはかなり重大なことです。よく「気分にまかせて」テンを打っている人がありますが、論理的な文章を書くためにはテンの原則をきびしく守らなければなりません。テンの原則は次の二つに集約されると私はみています。

①　述語にかかる長い修飾語が二つ以上あるとき、その境界に。（重文の境界も同原則。）

②　修飾の語順が逆順の場合に。（倒置文も同様。）

このほかに原則というよりも強調の手段として使われることもあります。（例。「しかし彼は……」を「しかし、彼は……」として逆接を強調。）

まず①についてこの例文で考えてみましょう。たとえば**〈表4〉**BIの㊀だけで検討してみますと、「認める」という述語には次の四つの修飾語がかかっています**（表5）**。

〈表5〉

㋑原判決が、
㋺本件そそのかし……ものであること、
㋩被告人の……該当すること、
㊁その漏示の……欠ける点があったこと
を
認めながら、

原則の①でいう「修飾語の境界に」とは、この四つ（㋑㋺㋩㊁）の修飾語の境界にあたる三カ所にテンをうてということです。この例文をみると、なるほど打たれています。それでは何が問題か。原則のテンのほかに、原則にあわぬところにもテンが打たれていること。これが大問題なのだ。なぜかと申しますと、原則・非原則の双方のテンがごたまぜにされていたら、原則のテンが本来の役目を果さなくなってしまうからです。カムフラージュ効果とでも申しましょうか。かんたんな実例で説明します。

渡辺刑事は、血まみれになって、逃げ出した賊を、追いかけた。

右の文中には三つのテンがあります。これだと「血まみれになって」いるのは刑事なのか賊なのかわかりません。もしテンを全部とってしまうと――

渡辺刑事は血まみれになって逃げ出した賊を追いかけた。

となりますから、やはりわかりません。つまりテンが三カ所にあることは、ゼロと同じことになってしまうのです。なぜか。それは「打つべきテン」と「打ってはならぬテン」とをごたまぜにしたからであります。では、三つのテンのどれが「打つべき」で、どれが「ならぬ」テンか。それは書き手が何をいいたいのかによります。もし刑事が血まみれになっているのであれば――

渡辺刑事は血まみれになって、逃げ出した賊を追いかけた。

とすればよいし、賊が血まみれなら――

渡辺刑事は、血まみれになって逃げ出した賊を追いかけた。

とすればよろしい。いずれにしても「打つべきテン」はひとつだけ、それだけであって、他の二つのテンは「ならぬテン」であります。「不必要」というような生やさしいテンではなく、絶対に打っては「ならぬ」テンです。それによって「必要なテン」の意味がなくなってしまうからであります。

では、さきの〈**表5**〉の例文にもどりましょう。四つの修飾語のうち、たとえば㋺を見ますと、「本件そそのかし行為により……秘密は、その漏示……ものであること」に一カ所あり、㋥の中では「……しょうよう行為が、新聞の……」と「……なされたが、その手段……」の二カ所にあります。これら三つのテンを何の目的で筆者は打ったのか。何の目的でもありません。単に無原則に、「気分で」打ったにすぎないのです。その結果、第①の原則に従って必要なために打たれた他の三つのテンと、この「気分で」打たれた三つの「ならぬテン」とがゴチャまぜになりました。合計六個のテンのうち、半分は正しいテン、半分は犯罪的加害者のテンです。正しいテンは被害者となり、文章を絶望的なしろものにする大きな原因となりました。この犯罪的三つのテンを除くだけでも、文章はたいへん論理的に（したがってわかりやすく）なります。論理的だということは、同時にわかりやすいということです。「評論家」の一部には、わざとまがりくねった文章を書き、わかりにくくして「高級な」論文を書いたつもりの人がいますが、あれは自らの非論理性と低級性を告白したものと見ればよろしい。

次に、さきのテンの打ち方二原則で②番目の「逆順」については、この例文ではあまり問題がないようです。しかし重要な原則ではありますから、一言だけ触れておきましょう。これは日本語の語順の原則と深く結びつくテンであります。つまり語順の重要なひとつに「修飾の長い順から並べる」という原則がある。また「節を先に、句をあとに」という原則もあります。さきの例で説明しますと――

渡辺刑事は、血まみれになって逃げ出した賊を追いかけた。

この場合「追いかけた」という述語には次の二つの修飾語がかかります。

渡辺刑事は↙
血まみれになって逃げ出した賊を↘
追いかけた。

右の二つの修飾語を比べますと、明らかに左側の方が長いことがわかります。また右は句、左は節です。そうであれば、次のように長い順に書くこと（あるいは節を先にすること）が日本語にとっては原則として自然であり、誤解されにくく、したがって論理的だということです。

血まみれになって逃げ出した賊を渡辺刑事は追いかけた。

これならばテンが全くなくても実に明快であって、誤解されることはありません。しかし、筆者が何らかの理由で「渡辺刑事」を冒頭にもって来たいと考えたとします。強調の理由でもよいし、文脈上の理由でもよろしい。そうしますと語順が原則の逆になります。そういうときにテンを打てというのが、さきの第②の原則なのです。だからこの場合は次のようになります。

渡辺刑事は、血まみれになって逃げ出した賊を追いかけた。

以上でテンの打ち方のかんたんな説明を終ります。テンの打ち方は、日本語の構文論の中でもっと重視されるべき分野だと私は思うのですが、日本語学者たちの著書を拝読しますと、この分野の研究がたいへん遅れていることが痛感されます。常識として考えてみて下さい。イギリス語やフランス語などでコンマが「気分で」打たれていたら、どんなにメチャメチャになることか。日本語でも全く同じことです。

それでは「その四」に移ります。接続詞または並列の格助詞で三つ以上の言葉をつなぐとき、ヨーロッパ語の直訳をまねてはなりません。この例文でいいますと、BIの㊀は三つの「……こと」がつづき、三つ目の前に「及び」という接続詞があります。これはどういうことか。イギリス語と比べて説明します。

{○ A, B, C and D。
{× A and B, C, D。

{× A、B、CトD。
{○ AトB、C、D。

右のように、日本語とイギリス語とは逆になります。（×印はダメな方です。）もっと実例を見ましょう。

{○ 雨か雪、霙、霰かは気象条件による。
{× 雨、雪、霙か霰かは気象条件による。

{○ 花子に鹿子、晃子、節子の四人が出席した。
{× 花子、鹿子、晃子に節子の四人が出席した。

この現象は、SOV語（目的語が動詞の前にくる）としての日本語、SVO語（目的語が後）としてのイギリス語という言語の構造に深く関連することのようです。例文の三つの「……こと」のうち、接続詞「及び」(and) がイギリス語式に最後に来ると、最初の「……こと」が文脈の中でどういう位置を占めるのか判断しにくいことになるのでしょう。この例文のように長い三つの句を「及び」でつなぐときは、「①及び②、さらに③」というようにそれぞれハッキリと接続詞を使うべきです。(もともと「及び」というような官僚用語的センスの死臭を放つ接続詞を使うこと自体がダメなところですけれど。)

その五。漢語をカナで書くことはやめましょう。この例文だと「しょうよう行為」だの「程度をりょうがしていない」だのがそれです。これには三つの問題があります。第一に日本語化した漢語はホモフォン(同音異義)が多いので、カナにすると意味がわかりにくくなります。第二に、漢字とカナの組合わせという日本語の長所は、これによって分かち書きの効果が出ていることなのに、漢語をカナにしてしまうとその長所が消えてしまいます。第三に、(当用漢字の問題もあるとすれば) こんなことをするくらいなら「しょうよう」を「そそのかし」に、「りょうがしていない」を「越えていない」というように、やさしくすればいいではありませんか。それによって何か支障が起きるでしょうか。

こまかなことをつつけばまだありましょうが、以上のようなことがこの文章をわかりにくしている原因だろうと思われます。文が長いのはこうした点に注意しないからであって、長いこと自体は原因ではありません。いくら長くてもわかりやすい文がありま す。しかしこの例文などは、注意してわかりやすく書くと結果として文は短くなるでしょう。以上の観点から全文を書きなおしてみますが、私は法律用語の性格をよく知りませんから、変更してはならぬ単語を言いかえたりすることもあるかもしれません。その点はご了承下さい。また原文をできるだけ生かそうとしていますから、あまりに極端な変更はいたしません。

＊　＊

本件控訴の趣旨は、原判決に法解釈上の誤りがあることを、さまざまに交錯する理由をあげて論難しているものである。その骨子は以下のように整理することができよう。――

原判決はまず次の三点を認めている。

①本件のそのかし行為によって漏らされた秘密は刑事罰を適用するに値するだけの実質秘に相当する。

②被告人の本件行為は国家公務員法（以下国公法と略称）一一一条所定の同法

一〇九条一二号の「そそのかし」に該当する。

③問題のそそのかし行為は、新聞の公共的使命にのっとった取材目的で行なわれたものの、その方法には行きすぎがあった。

ところが原判決の加えた判断によれば、このそそのかし行為によって外交交渉の遂行が阻害される恐れの程度と、そのそそのかし行為のおかげで国民が受ける利益や将来の取材活動一般によって支えられる国民的利益の程度と比べるならば、前者は後者を越えるものではない。

したがって、二つの利益の程度を比較し、さらに取材目的の正当性を考慮に入れるならば、本件そそのかし行為は正当性が主張できる程度のものである。結論として、被告人西山の行為が不当行為に該当する点を証明できないことを理由に、原判決は被告人に無罪を言い渡した。

ところがこの原判決は各所で法解釈を誤り、罪となるべき行為を無罪にしているから、原判決を破棄した上あらためて正しい判決を求める。

＊　　＊

以上に述べてきましたことは、全くの文章技術上の問題だけであります。しかしこの判決文は、文章技術以前のもっと大きな問題を孕んでいるようです。それは、いったいどうしてこんな文章を書いて平気でいるのかという根本的な疑問であります。書いた当人が、こんなものしか書けないことを心底から恥じて、法廷で赤面しながら判決文を読み、穴があったらはいりたい気持ちで退廷するとでもいうなら別です。それどころか、威張りくさってこの恥さらしの文章を読み、そのまま平然と退廷するのではないでしょうか。反省の気持ちなどカケラも感じていないのではありませんか。だからこそこういう前世紀の化石みたいな文章が、いまだに法曹界ではまかり通っていて、私なんかが「生まれて初めての悪文」と仰天することになると思うのです。

なぜか。一言でいえば、それは法律家が民衆の側に立っていないからです。民衆に背を向けて、権力の側ばかり見ているからです。もし民衆の側に少しでも目が向いていたら、こういうヘタクソで傲慢な、本質的なバカが書いた文章はとっくに法曹界から消えていただろうと思います。

こういう態度は、理科畑の職業でいうと医者の一部に見られます。たとえば、カルテなんかどうしてドイツ語やイギリス語で書くのでしょうか。患者がガンなどの場合にかくすというのであれば、なにもカルテを患者に見せる必要はありません。要するにあれは、自分の職業を民衆から切り離して近づき難くさせるための手段にすぎないのです。

利権屋集団と全く同じ手口であります。ベトナムでも中国でも、革命後は自分の国の言葉でカルテを書いています。医学だろうと司法だろうと、本当は大して高級でもむずかしくもないんですね。たいていの人なら、少々勉強すればわかることだ。しかしそれではギルド的独占によって自分たちだけがトクをすることができませんから、民には「知らしむべからず」と、やたらと高い壁を構築したがる。その結果として、こういうひどい文章が今なお法曹界に濶歩しているのだと思います。これから法曹界にはいられる皆さんのような青年法律家たちにこそ、私は「民衆の側に立つ」法律の文章を期待いたします。

最後に、ひとつ宿題を出しておきたいと存じます。次の例文は現行の法律から選んだものです。このていどの反民主・反民衆的なひどい文章は現行法に普通ですが、私の講義を参考にしてこれを改良してみて下さいませんか。

「統括者又は統括者がその統括する一連の連鎖販売業に係る連鎖販売取引について勧誘を行わせる者は、その連鎖販売業に係る商品を店舗その他これに類似する設備によらないで販売する個人に対してその連鎖販売業に係る連鎖販売取引について勧誘をするときは、その連鎖販売業に関する重要な事項につき、故意に事実を告げず、又は不実のことを告げる行為をしてはならない」＝訪問販売法一二条。

（実務修習中の一九七七年度司法修習生を対象に東京弁護士会館で九月一九日に行なわれた講義から。『東弁新聞』一九七七年九・一〇・一一月号）

〔注〕その後いくつかの裁判を傍聴する機会があり、考えさせられることが多かった。これについては改めて何らかのかたちで報告したい。

七、欠陥文をどう直すか

一、出題

【問題】以下に示すA、B二種の文は新聞と単行本から拾った三例ですが、いずれも欠陥のある文といえます。この三例のそれぞれについて、
①なぜ欠陥文か。
②どのように直せばよいか。
を指摘して下さい。

【A】（イ）鳥海山は、月山とともに、東北きっての名山である。昔から信仰の山とされているが、月山のように白装束の登山者はほとんどいない。（『朝日新聞』の折込み広

告新聞『朝日旅行』一九九〇年七月四日号）

（ロ）ここに座っている人々は、どうしてわたしが、マリリン＝モンローやエリザベス＝テイラーのようにユダヤ教に改宗しないのだろうと思っているに違いない。（新潮社『過越しの祭』）

【B】（ハ）肩書きだけでは一生暮らせない。（『朝日新聞』一九八九年八月八日朝刊一六面の「イトマン　トータル　ハウジング株式会社」の広告文）

【出題の意図】

筆者自身はわかりきっていることでありながら、それを読む人には全く通じないことがあります。Ａのような例も実に多く、たとえば（ロ）の場合、マリリン＝モンローはユダヤ教に改宗しないのか、改宗したのか。これは事実を知っている人以外には全くわかりませんが、あるいは「多分改宗したのだろう」と勝手に想像するにとどまります。なぜでしょうか。

また（ハ）についてヒントを示しますと、この短い広告文はこれだけが大活字で示され、ほかに小活字の文章が別項で出ていて、その最後に「肩書きのない、定年後を今からご検討ください。」とあります。そこでもうひとつ宿題を出しておきましょう。

右の「肩書きのない、定年後を……」の場合の「ない」と「定年」の間の読点について、適当かどうか考察し、改良して下さい。

二、解答例

◉最優秀賞　　　　　　　　　　　　　**古賀俊江**

【A】（イ）

①「ように」の使い方が不正確である。そのため、後半の「昔から……」の部分で、読む者は混乱する。「月山のように」が「白装束」だけにかかって、雪の降り積もった月山のような白装束、とも読める。また、月山には白装束の登山者がほとんどいない、それと同様に、と言っているのか。月山には白装束の登山者が多いがそれとは異なる、と言っているのか。

②昔から信仰の山とされているが、月山のようには、白装束の登山者はほとんどいない。

【A】（ロ）

①（イ）と同じく、「ように」の使い方が不正確である。マリリン＝モンローとエリザベス＝テイラーがユダヤ教に改宗しないのと同様に、なのか、改宗したと同様には、なのかがはっきりしない。また、読点の位置のため、「思っている」のがわたしなのかここに座っている人々なのかがわからなくなる。

②ここに座っている人々は、どうしてわたしがマリリン＝モンローやエリザベス＝テイラーのようにはユダヤ教に改宗しないのだろう、と思っているに違いない。

【B】（ハ）

①「は」の位置のため、「一生暮らせない」が、部分否定なのか全体否定なのかわからない。

②肩書きだけで一生は暮らせない。

「宿題」

「肩書きのない」は「定年後」を修飾しているので、「ない」と「定年」の間の読点は不必要である。従って

「肩書きのない定年後を今からご検討下さい」

とするか、または「今から」を強めたいのであれば、「肩書きのない定年後を、今からご検討下さい」とすればよいと思う。

◉優秀賞

水野朋子

【A】（イ）
①「月山のように」が「白装束の」にかかるのか、「いない」までかかるのかがはっきりしない。「月山には白装束の登山者が多いが、鳥海山の登山者には白装束はほとんどいない」のか、「月山にも鳥海山にも白装束の登山者はほとんどいない」のか、その両義に解釈が分かれる。
②鳥海山は……月山のような白装束の登山者はほとんどいない。
【A】（ロ）
①「マリリン＝モンローやエリザベス＝テイラーのように」が、「改宗し」にかかるのか、「改宗しない」までかかるのか、あいまいである。
②マリリン＝モンローやエリザベス＝テイラーはユダヤ教に改宗したが、どうしてわたしは、彼女らのように（改宗）しないのだろうと、ここに座っている人々は思っているに違いない。
【B】（ハ）

①「一生……ない」が部分否定なのか、全体否定なのかがはっきりしない。これから一生ずっと暮らしていけないのか、ある時点までは暮らせるが一生は無理というのか、その両義にとれる。
② 肩書きだけでは一生は暮らせない。
①「肩書きのない」は「定年後」にかかる形容詞であるから、両者の間に読点を置くべきではない。
②「肩書きのない定年後を、今からご検討ください。」
「宿題」

◉優秀賞　**上田和美**

【A】（イ）
①「月山のように」は述語を修飾するので月山にも白装束の登山者がいないことになってしまう。しかし、「ように」が修飾する述部が否定形であることはないので、読者は「月山のように白装束の登山者がいるようなことはない」という意味にとることもある。どちらか意味がはっきりしないので欠陥文である。

② 月山に白装束の登山者がいるので、「月山のように」が「いない」を修飾しないように、「ように」を「ような」に変えればよい。これでも不自然さが残る。前文が二つの山を並べて述べているのに対し、この文では対比させているので、この点をはっきりさせるには「月山のように」を「月山と違い、」にするとよい。

【A】（ロ）

①（イ）と同じく「ように」が修飾する述部は否定形ではない。にもかかわらず、ここでも、「ように」の修飾する述部が否定形の「改宗しない」になっている。（イ）①で述べたのと同じ理由で、読者は、マリリン＝モンローやエリザベス＝テイラーが改宗したのかどうかわかりにくい。

② 入れ子構造の文なので、問題の文の入れ子のところだけを取り出して考える。「わたしが、マリリン＝モンローやエリザベス＝テイラーのようにユダヤ教に改宗しない」の文を、マリリン＝モンロー達が改宗したことをはっきりさせるために、「マリリン＝モンローやエリザベス＝テイラーがユダヤ教に改宗したように」とし、「ように」が「改宗しない」を修飾しないように入れ子の外へ出すとよい。

ここに座っている人々は、どうして、マリリン＝モンローやエリザベス＝テイラーがユダヤ教に改宗したように、わたしも改宗しないのだろうと思っているに違いない。

という文になる。「わたしが」を「わたしも」に変えたことで、入れ子の外に出した「ように」の意味が、矛盾せず、つながる。

【B】（ハ）

①「一生」が「暮らせない」を修飾し、全部否定することになってしまっている。つまり「肩書きだけでは少しの間も暮らせない」意味になっている。意図しているのは、「肩書きで暮らしている間は一生も続かない」ということなので、欠陥文である。

②「一生」が全部否定にならないように、「一生」に、長さの意味を付け加えて、「を」をつけるとよい。次のようになる。

肩書きだけでは一生を暮らせない。

「宿題」

「肩書きのない」は「定年後」を修飾するので、読点はいらない。

改良文

今から肩書きのない定年後をご検討ください。

三、選後評――「は」という助詞の考察

出題には欠陥文を二種三例あげて、①なぜ欠陥文か ②どう直せばよいかを問いました。

◉選後評

②の「どう直すか」についてはやや誤解された人もあり、これは私の方でも説明すべきだったかもしれませんが、「直す」ということは「必要最小限」の改良であって、原文を解体してまで直してしまっては、欠陥文の核心とは無関係になります。したがって「必要最小限」の手を加えるだけで欠陥を救っている解答がすぐれていることになるわけです。

この出題は、基本的に助詞の扱いをめぐる考察であって、助詞一字の変更あるいは追加だけで誤解を防ぐことができます。最高点（85点）の古賀俊江さんは（イ）の文章で助詞「は」を一字加えただけ、二位（80点）の水野朋子さんは「に」を「な」に変えただけで論理的な文章にしました。

しかしながら、このお二人がなぜ100点にならなかったかを説明することによって、こうした「助詞に起因する欠陥文」の問題点を指摘したいと思います。助詞は日本語文法

の最も重要な品詞であって、これによって論理の正確さも左右されるのですから。（構文としては読点が最も重要ですが、これに関する「宿題」はほとんどの解答が正解でした。）

まず水野さんの解答例で申しますと、（ロ）の②で、たしかにこれで誤解はされなくなったでしょうが、これは原文をかなり解体しており、かんじんの助詞については改良されていません。つまり論理的・文法的には非文に近いままで残されているのが、「彼女らのように（改宗）しない……」のところです。ここはやはり「彼女らのようには（改宗）しない……」とすべきでしょう。

つぎに古賀さんの解答例ですが、これは（ハ）の②に問題があります。

〈原文〉　肩書きだけでは一生暮らせない。

〈解答〉　肩書きだけで一生は暮らせない。

このように直した理由について古賀さんは「『は』の位置のため、『一生暮らせない』が、部分否定なのか全体否定なのかわからない」とし、「は」の位置の変更によって改良しています。

たしかにこれで改良はされました。少なくとも原文のような欠陥文ではなく、誤解もされにくくなった。しかし論理的には、これだとまだ不完全たらざるをえません。つまり化学構造式ふうに示しますと、「暮らせない」と「肩書きだけで」との関係が次のどちらなのか分からないのです。

ⓐ　肩書きだけで↙
　　一生は　　↘　暮らせない。

ⓑ　肩書きだけで↓一生は↓暮らせない。

つまりⓑですと「肩書きだけで一生」は暮らせない、という意味になり、これは「肩書きだけの一生」ともとれる。しかしⓐでも問題があって、「一生は」なしの「肩書きだけで暮らせない」という文にしてみると、これは非文に近い欠陥文でしょう。たとえば「車は止まれる」という文は、「自動車はブレーキで止まることができる」という意味で独立した一文になりえますが、これを「自動車は止まれない」とすると、故障車かなにか、他の条件を加えないかぎり独立できない欠陥文になります。そこで交通事故防止標語「とびだすな、車は急に止まれない」が問題になる。「急に止まれない」とすると、突然故障が起きて止まれなくなったように解釈できるのです。言いたいのは「ゆっくりならば止まれる」ということですから、論理的には「急には止まれない」とすべきでしょう。(この問題は月刊誌『言語』で提起して、一九七六年の同誌上で何回も論争になりました。)

したがって正しくは「肩書きだけでは一生は暮らせない」と、「は」を二度使うべきです。そのような正解者は水野さんを含めて三分の一ほどありました。ある方は正解を示しながらも「短文の中に『は』が重なり、すっきりしない」として別の文につくり直していますが、「すっきり」といった情緒的対応で文章の論理を考えてはまずいと思います。

この例題でちょっと驚かされた解答は、ある「日本語教師」(四二歳)の場合です。原文では「定年前も定年後も一生の間、肩書きだけでは暮らせない、という意味になってしまってナンセンスである」とせっかく正しい指摘をされていながら、訂正は次のような語順の変更だけにしています。

「一生、肩書きだけでは暮らせない。」

これでは原文と意味が変っていないことになりましょう。この方は「修飾関係」として次のような分析をされています。

一生、肩書きだけでは　暮らせない。

このような修飾関係の説明はあまり意味がなく、この方は、たとえば大久保忠利氏のような奇妙な〝文法学者〟の著書に、あるいは影響されているのかもしれません。また、二例ほどの解答が「肩書きだけでは一生を暮らせない」として「を」を使っていました。しかしこの助詞には対照の意味はないので、「は」のような「定年前は肩書きだけで暮らせたが定年後は……」という明快な対照の論理にはならず、原文と大差ないことになりましょう。助詞「は」についてのこうした考察は拙著『日本語の作文技術』（朝日文庫）も御参考になるかと存じます。

（アルク『月刊日本語』一九九〇年一〇・一二月号）

〔124頁の注〕　大久保忠利氏の文法論の基本的なひどさについては、たとえば三上章『文法教育の革新』（くろしお出版・一九六三年）が第五章「児言研文法のあやまち」として指摘している。

八、たかが立て札の文句だが……

北海道大学の構内を歩いていると、つぎのような立《た》て札《ふだ》が目に止まった。

「芝生をいためる球技等の行為は厳禁する」

この一文は、何となく変だと思った。「非文」とまではいわぬにしても、言いたいことと書かれたこととに論理的くいちがいがあるのではないか。すぐに考えつくのは、それならば「芝生をいためない球技」ならやってもいいのか、といった解釈である。屁理屈だとはいえまい。これが屁理屈であれば、日本語そのものに論理的欠陥があることになりはしないか。しかし日本語は決してそんな欠陥品ではないはずだ。『日本語の作文技術』（朝日文庫）の著者としては、やはりこれは書きとめておくべき実例であろう。

〈ついでにいえば、いま私は右の「書きとめて」と書くとき、その前に「メモに残して」と書いた。それを「書きとめて」と書きなおしたのは、なにも「メモ」というような外来語を使う必然性がないと思ったからである。「メモ」についてこのときそう思ったことの遠因は、梅棹忠夫氏（国立民族学博物館館長）を中心に創刊された『季刊人類学』（講談社）主宰団体の通信「よりあいのかきとめ」にある。これをアメリカ合州国の植民地ふうにイギリス語で表現すると「ミーティングのメモ」であろう。このごろ「ミーティング」などという植民地用語が広まりだしたが、私はこれを「家畜語」〔注1〕と呼んでいる。しかし古くからの幅広いヤマトコトバとして「よりあい」（寄り合い）という実に的確な単語があるのだ。わが故郷・信州でもごく日常的に使ってきた。なぜこれを追放して「ミーティング」などという長たらしくて発音しにくい家畜語を使うのか。日本語にない言葉ならまだしも、あるのにそれをやめて家畜語を使おうというこのあわれな民族に対して、右翼は「民族的危機」を感じないのだろうか。〉

では、あらためてこの立て札について考えてみることにしよう。

① 芝生をいためる球技等の行為は厳禁する。

これを「厳禁する」という述語にかかる修飾成分として化学構造式ふうに分解すれば次のようになる。

②　芝生をいためる↙
　　　　　　　　　行為は↓厳禁する。
　　球技等の　↘

修飾語は物理的に長い方を（あるいは節を）先にする、という原則（注2）からすれば、これはこれで正しい。「芝生をいためる」も「球技等の」も平等に「行為」にかかるからである。だが、にもかかわらず、なぜ誤解を生ずるのか。それは「芝生をいためる」が「行為」にかかるはずなのに、このままだと「球技等」に直接かかってしまうからである。つまり次のような関係にとられるのだ。

③　芝生をいためる↓球技等の↓行為は↓厳禁する。

これは次のような例で考えるとわかりやすい。

④　小さな子供のプール。

これは果たしてつぎのどちらなのか。

⑤　小さな↓子供の↓プール

⑥　小さな↙
　　　　　プール
　　子供の↘

こういう問題はなにも日本語だけのことではない。いわゆる生成変形文法はこうした問題を突っ込んでいったものであろう。④の例についていえば、もし⑤の意味であればこのままでいい。つまり④のように書けば、ふつうは⑤と解釈される。もし⑥の意味に解釈してほしければ、誤解されぬために語順をひっくりかえすことだ。

⑦　子供の小さなプール。

「子供の」が「小さな」を修飾することは文法的にありえず、「プール」にかかることが明白なので、誤解されるおそれはない。全く同じことが冒頭の一文①にもいえることになる。すなわち語順を逆順にして――

⑧　球技等の芝生をいためる行為は厳禁する。

とすれば誤解されることはない。

これで論理的問題は終わったが、しかし公表する立て札としてこれではあまりいい文とはいえない。「球技等の芝生……」は、論理的には正しくても、「球技等」と「芝生」を「の」でつなぐことによって親和度〔注3〕がはたらき、それだけ読みにくくなる。だから「の」をとって――

⑨　球技等芝生をいためる行為は厳禁する。

これだとしかし漢字ばかりつづくことによる読みにくさ〔注4〕が加わるし、もともと外国語としての漢語は、できればやめるほうがいい。そこで「等」を「など」にする。

⑩　球技など芝生をいためる行為は厳禁する。

じつは⑧から「の」をとったとき、一字のちがいとはいえ修飾関係が変化している。つまり②はどちらも「行為」にかかるが、⑨や⑩はつぎのように「は厳禁する」にかかる。この点でも論理的によりすっきりする。

⑪
　　球技など↙
　芝生をいためる行為↘は厳禁する。

それにしても「厳禁する」とはいかにも傲慢で悪代官的な、この非民主的天皇制後進国にふさわしい「反国際化」的表現ではないか。私が北大生だったら、この立て札の場所でわざと球技をやる可能性がある。これは――

⑫　球技など芝生をいためる行為は禁ずる。

で十分であろう。

ところで、さきに「論理的問題は終わった」としたが、厳密に考えるとまだ終わっていない。それは係助詞「ハ」の使いかたである。たとえば――

⑬　この川で泳ぐことは禁ずる。

そうか。泳ぐことは禁ずるが、歩いて渡ることはいいのか。つまり係助詞「ハ」は、題目語〔注5〕として格助詞「ヲ」を兼務する役割のほかに、対照（限定）の役割があるので、このような解釈も可能になる。だから⑫は、たとえば「古本を並べて売る行為は禁じない」というような対になっている別の内容がかくされていると解釈することも不可能ではない。この誤解を防ぐために、法律用語などは「ヲ」の兼務を解《と》いて「……ハ之《コレ》ヲ禁ズル」と二つの助詞に分けたりしている。この立て札の場合、そんな面倒なことをしなくても単に「ヲ」を使えばすむ。

⑭ **球技など芝生をいためる行為を禁ずる。**

（『朝日ジャーナル』一九八八年一一月四日号）

〔注1〕沼正三氏の小説『家畜人ヤプー』をもじったもの。
〔注2〕朝日文庫『〈新版〉日本語の作文技術』第三章（修飾の順序）または前記『季刊人類学』第一九巻第三号（一九八八年九月一六日発行）の本多勝一「読点《コンマ》の統辞論」（四八〜六七ページ）参照。（本書収録）
〔注3〕『〈新版〉日本語の作文技術』（七七〜八六ページ）参照。
〔注4〕同第五章（漢字とカナの心理）参照。
〔注5〕同第六章（助詞の使い方）一節と二節参照。

〈後編〉日本語をめぐる「国語」的情況

一、日本語と方言の復権のために

A

「日本は単一民族国家である」といった無知のかたまりのような妄言を、かなりの知識人でも平然と口にするほど、それほどアイヌ民族の文化は徹底的に抑圧され、無視されてきた。自分の祖父母、ひどい例では父母が語るアイヌ語さえ理解できないアイヌの青年や中年の深い悲しみと怒りは、いわゆる〝標準語《ヘレン＝フォーク》〟の環境に生まれ育ち、それを当然のこととして何のコンプレックスも抱かぬ支配民族的存在には理解できにくい。

アイヌ語の場合ほど極端ではないにしても、本質的には似た現象が、方言の場合にもみられる。たとえば東北地方の人が言葉の問題で苦労するとき、それは決して、私たちがベトナム語を習得するときの「苦労」の次元と同じではない。東北なまりを苦にして自殺する例さえあるのは、単に共通語(いわゆる標準語)が完全に話せないからではなく、そこに差別があるからであり、侮辱を受けるからであり、誇りを傷つけられ、すべての人に当然あるべき尊厳を奪われるからなのだ。方言は「下等」で〝標準語〟は「高級」だという誤った価値観がなければ、言葉によって殺されることはありえない。関西の人々は一般に平然と関西弁を使う。関西弁を苦にして自殺した例などきいたことがないし、考えられもしないのは、関西が日本文化の旧・主流であり、その方言が旧・標準語であったことによる誇りがあるためであろう。東京弁などは成り上り者の洗練されぬ野卑な新興語だとさえかれらは思っている。

日本語における〝標準語〟と方言との関係のアナロジーは、国際間の言語の間にもみられる。たとえばイギリス語と日本語。あるいは日本語と、かつて日本に侵略された朝鮮語との関係。これについてはかつて「言語帝国主義」という小論でふれたことがある。(拙著『殺される側の論理』参照。)ここにも誤った価値観が一般的なために、日本語よりイギリス語の方が「高級」であるかのような神話が生まれ、やはりかなりの知識人さえ「日本語は論理的でない」とか「日本語はアイマイだ」などといった妄言を、あたかも疑うべからざる事実の如く口にする。これはそういう当人自身が非論理的なのであって、日本語自体はたいへん論理的なのだ。言葉の使い手が非論理的なのを、言葉自体に責任転嫁している。およそ非論理的な言語などというものは、世界のどの民族にも存在しないことを、最近の言語学は立証した。言語とは、それ自体が論理体系なのであって、「非論理的言語」などは形容矛盾にほかならぬ。

B

その東北地方（山形）出身の小説家・丸谷才一氏の近著『日本語のために』をおもしろく読んだ。とくに「国語教科書批判」には私もほとんど全面的に賛成する。しかしここで問題とするのは、この本の中で賛成できない小部分についてである。それは方言に対する丸谷氏の考え方だ。その部分を引用してみよう。

そのこと（本多注・文学者が文体の創造を怠り、話し言葉の速記者に堕していること）が最も露骨にあらはれてゐるのは、現代日本文学における方言の氾濫である。明治以来、日本語は標準語を求めて努力してきた。日本の文学者たちがそのことにかなり大きく貢献してきたことはやはり認めなければなるまい。しかし、戦後、リアリズムの名のもとに、あるひは一種の土俗趣味的な風潮の流行とともに、方言が不当に大きな位置を占めてきてゐるのは残念なことである。このことは文学の技法上の問題とからみあふので、一概には言へないけれども、しかしたとへば野間宏の小説の会話があまりにも方言によりかかり過ぎてゐるのは、彼の文学の魅力にもかかはらず責められねばならないし、その魅力をむしろ減じてゐるとぼくには感じられる。野間に並べてここにあげるのは唐突すぎるかもしれないが、たとへば石坂洋次郎の小説のなかの会話には、その点で慎重な工夫がなされてゐるやうである。

しかし、小説の場合はまだしもいい。地の文といふものが大きな比重を占めてゐて、それはもちろん標準語で書かれてゐる。しかも小説のなかの会話は、普通、黙読されて享受されるのである。それが方言で書かれてゐるかぎり、標準語の確立に貢献することができないのは言ふまでもないが、標準語を毒する力がさほど大きいとは思へない。だが、戯曲の場合には、ト書きを除けば会話がすべてである。しかもその台詞《せりふ》は、普通、俳優の肉声によつて伝へられ、享受されるのだ。この故にこそ劇場は美しい国語の具体的な創造と教育の場所として最も有力なのだが、劇場のこのやうな機能を現代日本演劇はとかく軽んじがちであつたし、戦後はそれが特にはなはだしくなつた。

最近、日本の劇作家たちのなかの大半は、方言によつて台詞を書いてゐる。たとへば田中千禾夫の長崎弁がさうである。小山祐士の広島弁がさうである。そしてまた彼ら二人と並べるのはこれもいささか唐突の嫌ひがあるかもしれないが、菊田一夫と花登筐の大阪弁がさうである。方言による台詞が日本演劇を制圧してゐるやうにさへ感じられる位なのだ。ぼくは彼らの態度を一概に咎めはしない。そこには、代議士がお国なまりを売物にして票を集めるのとは、だいぶ違つた要素が作用してゐるだらう。いはゆるリアリズムの問題を一応ぬきにしても、歴史の浅い、なかば人工的な言葉である標準語には、風俗と結びついた厚みがやはり乏しいのである。あるひはまた、日本人の情感をすみずみまで表現するだけの力がまだ備はつてゐないのである。その点で、ぼくは劇作家たちに同情する。だが、彼らが方言にこれほどよりかかるのは、それにもかかはらずやはり馬鹿げたことだと考へる。それは作劇術の問題から言へば、地方生活の一面だけを強調して、もつと普遍的な一面を切り捨てがちな態度である。(俳優が標準語の音韻体系で真似る方言がどんなに滑稽で不自然かといふことは、ここでは論じない。)また、国語の問題から言へば、劇作家と俳優の努力を未来の日本語のために役立てないのみならず、むしろそれに対して積極的に妨害する態度である。劇作家たちはすべからく、かういふ邪道、かういふ意義の乏しい作業に耽るのをやめて、たとへば福田恆存のやうに、あるひは三島由紀夫のやうに、きちんとした標準語で書いてもらひたい。(仮名づかひや漢字の問題についての福田の功績は大きい。しかし、劇作家としての彼が終始、標準語で戯曲を書いてゐることは、それにも劣らぬほど高く評価すべきことだらう。）現在の標準語で書くことにはなるほど多くの制約があらうが、方言で書くことにはもつと大きな障害があるはずだ。そのことを彼らは身をもつて感じてゐるに相違ないのである。ぼくは、たとへば木下順二のやうな美しい台詞を書ける劇作家が、方言の戯曲を数多く試みてゐるのを見ると、深い悲しみを覚えずにはゐられない。それは、日本文学にとつてだけではなく、また日本語にとつても、あまりにも大きな才能の浪費であらう。（同書七八〜八〇ページ）

右の考え方は、ひとつの主張としてスジは通っている。いろいろ文句をつければきりがないが、私が問題としたいのは、この考え方の基盤となっているもの、背景にあるものであって、たとえば岩手県の農村を舞台にした劇で「福田恆存のやうに、あるひは三島由紀夫のやうに、きちんとした標準語で」台詞を書くことへの疑問といったこと〔注1〕――むろんそれも問題だが――ではない。そうではなくて、この丸谷氏の主張の基盤となっている思想が問題なのだ。別のところで丸谷氏は次のように書いている。

つまり話をもうすこし大きくすれば、ヨーロッパ的な価値は唯一の価値だらうかといふ問を、言語と文字に当てはめることになるであらう。例の構造主義をはじめとして、非ヨーロッパ的な価値の存在を認めようとする立場は最近のヨーロッパでもかなり有力になつてゐるのだが、この構造主義がしきりに輸入される今日このごろ、国語改革への手なほしが試みられるのはまことに興味深い話である。（同書九〇～九一ページ）

また、「日本語などやめてフランス語を国語にせよ」とする志賀直哉の途方もない暴論を批判（もちろん私も丸谷氏と同感）したあと、次のように書いている。

志賀に至つて、文学者は国語の教師であることをやめ、さらには日本語をフランス語にかへようなどと、自分の生存の根拠を否定する説を吐くことになつたのである。（同書二〇七ページ）

ヨーロッパ語の言語帝国主義に対する日本語側の防衛として、これらは誠に正しい主張である。最近の別の例もあげておこう。ノーベル賞という名の人種差別賞または愚劣賞〔注2〕を日本人として何人目かにもらった江崎玲於奈氏は、受賞のあと日本へ来てかなり次元の低い文明論をぶって祖国を馬鹿にし、その植民地型知識人としての役割を果たして去った。外山滋比古氏は、江崎氏の言葉（江崎玲於奈『創造性への対話』中央公論社）を引用して次のように書いている。

「日本語はいろんなニュアンスがあるし、おもしろいのですが、哲学とか科学思想とかを表現するのには劣っているようですね。日本人にしかわからない科学用語を覚え、英語でも覚えなければならないので、二重手間です。……少なくとも大学院などではいっそ英語で教育したほうが良いと思いますね。」

こういう意見を聞くと、眠っている劣等感が目をさまして、やっぱりわれわれの日本語は論理に弱いんだな、としょげかえる。この劣等感は明治以来、高等教育を受けた人たちをずっと苦しめつづけてきたものだが、いまだに卒業できないでいる。右のことばは江崎玲於奈博士がノーベル賞を受けたあと日本へ帰ってした対談のひとつでのべたものである。こういうすぐれた科学者もやはりそう考えるのか、と改めて日本語の論理性に絶望するというわけだ。江崎博士の考えもそうだが、日本語ではだめだという根拠になっているのは、英語との比較である。明治以降のインテりの間に生きてきた日本語非論理説も、外国語との接触によって生まれたものである。その外国語の中心に英語があったことはいうまでもない。すると、外国語、つまり英語は論理的であるのに、日本語は論理的でない、という理屈になる。

ところが、その英語、英語を話すイギリス人が非論理的だというのは国際的に定評があるのだからおもしろい。ほかの国の人間がそういうだけでなく、イギリス人みずからそれを認めている。（『英語教育』一九七六年四月号の外山氏「英語の論理・日本語の論理」から）

江崎氏のこの言葉もまた、丸谷氏のいうような「自分の生存の根拠を否定する説」であろう。だが、そうであるなら、日本国内での共通語に対する方言やアイヌ語について、なぜ同じ主張がなされないのだろうか。アイヌ民族がアイヌ語をやめることは「自分の生存の根拠を否定する」ことにならないか。程度の差こそあれ、琉球の言葉も、結局は各地の方言も、本質的には同じことではないだろうか。

もちろん、丸谷氏は方言を否定しているのではない。主張の骨子は、たとえば次のようなことであろう。

信州なら信州の人が、信州の人に向って、信州方言でしやべつたとて、何も咎《とが》めることはないのである。困るのは、たとへば信州の人が土佐の人に信州方言でしやべることだ。これでは話はちつとも通じない。かういふ場合は、信州の人も土佐の人も、お互ひが共通に知つてゐる言葉で話すしかないわけで、それがおほよそ首都の言葉に近いものになるのは当り前の話ではないか。まさか二人がこの機会に備へて、せつせと東北方言を勉強するなんてことはあり得ないのである。そして、信州の人間が首都の言葉に近いもの、つまり標準語を使つて話してゐるのに、土佐の人間がお構ひなしに土佐の言葉で押し通さうとすれば、これはやはり無礼なことである。

（同書一六九ページ）

これもまた全くこの通りであって、私も賛成する。だがこれだけでは、丸谷氏の考え方の基盤は表面に出てこない。ここに欠落しているのは、言葉の階級性の問題なのだ。

C

しかし、丸谷氏の主張は単に説明不足なのであって、ほんとうは本質をよく知った上での発言かもしれない。そう思っていたとき、ある会合で丸谷氏と初めてお会いする機会があったので、この問題を討論してみた。丸谷氏は「要するに、二本だてということです」と言われた。〝標準語〟と方言とは、平等な二つの世界であって、どちらも生かせばよいということである。賛成。しかしあの本の主張だけでは、どうも方言の方が虐待されているかのように誤解されやすい。何かの機会に、そのあたりをくわしく再説する方がいいのではないかと、私は言った。

だが、討論しているうちに、やっぱり丸谷氏の認識は「二本だて」以前ではないかという疑問を一層深めざるをえなかった。もうちょっと考えていただきたい。私は非難しているのではなく、もう一歩すすめてほしいと期待しているのである。それは、イギリス語と日本語との関係に討論が及んだとき、はっきりしてきたように思う。

「たいへん腹立たしいことに」とあえて私は言うが、世界の共通語はイギリス語であるかのごとき風潮が、日本はもちろん、インド、北欧、中近東やアフリカでの旧イギリス植民地、それにかつての半植民地だった中国でさえも、瀰漫している。アメリカ合州国が新植民地主義の担い手となってからは、ベトナムのようにフランス語が言語帝国主義として君臨していたところにさえ、イギリス語への転換を強いた。この趨勢は、合州国が今の体制のまま世界の憲兵役をつづけるかぎり、衰えることはないであろう。

なぜ腹立たしいか。当たり前すぎることだが、イギリス・オーストラリア・ニュージーランド・合州国・カナダの諸国のように、イギリス語を母語としている国の人々は、生まれながらにしてその「世界共通語」を常用しているのだ。(ただし、これらの諸国といえども、決して全員がイギリス語を母語としているのではない。オーストラリアのアボリジン、ニュージーランドのマオリ族、カナダのエスキモーその他、合州国のプエブロ族その他のように、侵略された先住民族たちの現状を見よ。イギリスでさえ、アイルランドなどの強力な言葉が自己主張している。イギリス語は、これらの諸国の単に主流であるにすぎぬ。)そのような、かれらの母語が世界共通語になるとき、わが辺境の日本語の、なんたる不利で損で不公平なことだろうか。ドイツ語やフランス語やイタリア語やスペイン語のごとき、イギリス語と親類関係にある言語の諸民族と比べてさえ、私たちは圧倒的に不利である。さらにいえば、日本語・朝鮮語・アイヌ語・エスキモー語等々のように、語順がイギリス語と逆の言語(あるいは三上文法的にいえば述語中心言語)は、イギリス語と全く異質の中国語やベトナム語と比べてさえも不利だ。ヒンズー語やウルドゥー語も日本語と語順は同じだが、これはインド・ヨーロッパ語というより大きなカテゴリーに属するものとして日本語より有利だろう。(ついでにいえば、ローマ字化は中国語の方が日本語よりもはるかに容易である。ベトナム語でこれはすでに実験ずみだ。中国文字からの借用で厖大《ぼうだい》なホモフォン＝同音異義＝を作ってしまった日本語は、まずホモフォンをヤマトコトバに直す作業から始めなければなるまい。中国語やベトナム語やタイ語などはトーンを記号化することによってこの問題を簡単に解決できる。）

　そのような日本語——それは断じて下等でもなければ、とくにむずかしい言語でもないのだが——を母語とする私たちからみると、イギリス語を「世界語」にすることに対して、ほとんど表現不可能なほどの不公平を感じ、腹が立ち、頭にくるのは当然である。共通語として作られた人工語のなかで、実用化に成功したほとんど唯一の言語「エスペラント」にしても、ラテン語を中心とするあまりにもヨーロッパ語中心の語彙《ごい》であることに、私などは強い抵抗を感じる。それでもイギリス語やフランス語のような現に存在する国の母語を世界語とするよりははるかに公平で、理想ではないにしても次善の策ではある。少なくとも原理としては理想といえよう。だから私は、イギリス語を共通語にすることなどどうしても承服できない。

　しかし仮りに——つまり承服できないけれども、あえて「イギリス語＝世界語」論者の立場を、議論のための必要上、あくまで「仮りに」認めるとしよう。そうすると、私たちは〝標準語〟と方言との関係同様、国際的には二本だての言語として日本語とイギリス語を話すことになる。「話すことになる」とかんたんに書いたが、それがミニスカートをやめてパンタロンにするような具合にできるものなら、問題は起こりにくいかもしれない。

確かに学習は可能だ。(イギリス語を母語とする連中は学習の必要もない。)しかし学習には、必ず「学力差」が生ずる。どの世界にもあるように、言葉の習得に天才的能力を持つ人間もある。凡才であっても、イギリス語を母語とする国へ若いうちに三年も暮らして学習すれば、なんとかなるだろう。(なおかつ完全なバイリンガルにはなれないだろうが。)それでもなんでも、ともかく「学力差」はできる。この学力差は、母語の内部での差、私たちでいうなら日本語を生まれながらにして話しはじめた末としての各人の差とは、本質的に異る。入学試験の国語の問題の学力差と、私たちが意思疎通の手段として使う日本語の能力差とは、全く異質のものであるのと同様だ。言語は「文化《カルチャー》」という全的なものの中のひとつの側面(むろん最も重要な側面だが)であって、これを丸ごと学習するためには、その拠って立つ文化をも学習することなしには不可能である。ある民族の、たとえば工芸品を、それだけ切りとってきて博物館や応接間に置いてみても、それは死んだ標本にすぎない。いくらチョウの精密な標本を作ってみても、チョウの全生活史の中で刻々と展開される驚異の生態や行動は知るすべもないのだ。そのような文化《カルチャー》としてのイギリス語を学習するとき、学力差が生ずることはだれも否定しえないだろう。反対に、たとえばひと昔前まで珍しくなかった文盲の老人といえども、文化《カルチャー》としての日本語は満点だった。文化としての日本語を日本人が話すとき、そこに「学力差」は存在しない。

そのようにして生ずるイギリス語の学力差が、単に学力差でとどまる限り、それは〝適性〟の問題にすぎないだろう。イギリス語が不得意で数学が得意な人、イギリス語が不得意で絵画に才能のある人、といった関係にすぎないだろう。だが日本の場合、イギリス語は決してそのような性格の対象ではない。いま「日本の場合」といったが、これは韓国でもかつての南ベトナムでも同様だ。すなわち、イギリス語は同時にアメリカ合州国――この新植民地主義センターとしての侵略国の言葉である。そのような宗主国の言葉を習得するとき生ずる「学力差」によって、どういう現象が起きるだろうか。

ベトナムは最近まで全土がフランス植民地だった。そこで宗主国の言葉としてのフランス語は、どういう役割を果たしたか。支配の頂点にいるフランス人は、ベトナムの一般民衆は文盲のまま放置した。ごく一部の地主階級の子弟だけ学校に集めて、フランス語を教えた。ここで育ったエリートのベトナム人青年は、宗主国フランスに留学し、フランス語を文化ごと吸収して、そうした「教育」の結果「フランス文化は高級で、したがってフランス語も高級で、ベトナム文化は低級で、したがってベトナム語も低級だ」

と考えるように頭の中を改造されて帰国した。帰国すると、その「低級な」ベトナムで、「低級な」ベトナム語しか話せぬ農民たちを馬鹿にし、フランス人の忠実なカイライとして冷酷に農民から収奪した。フランス人はサイゴンやゴム園の大邸宅で「上品に」社交生活を送るだけでよかった。収奪の現場作業は、フランス語を「学習」したエリート＝ベトナム人たちが、かわって忠実にやってくれた。

ホー＝チ＝ミンはインテリではあったが、エリート青年として留学したのではない。貨物船で重労働しながらフランスに渡り、そこでも「下級」労働をしてフランス語を覚えたが、彼はそのフランス語を、逆に敵に向けた。延々たる闘争の末、フランス人を追いだして独立した北ベトナムで、どんな「言葉の政策」が行われているかは後述する。

現状の日本でイギリス語を学習するということは、このベトナムとフランス語との関係に酷似しているのではなかろうか。イギリス語の学習が完全であるほど、それが当人をカイライ的な立場へと仕立ててゆく。もちろん例外はある。だが、すべての構造が合州国に従属しているとき、例外はあくまで全くの例外にすぎない。大勢はベトナムにおけるエリート留学生の役割へとかりたてられてゆく。そうした役割を果せば、もうかるのだ。トクをするように体制ができている。差別がある。二本だてといっても、日本語とイギリス語とでは階級がある。これでは並列の二本だてではなく、直列の二本だてになってしまう。イギリス語の得意な者が、社会的・経済的に不当にトクをする構造になっている。

このような意味で、イギリス語と日本語とは階級差別があり、平等ではないと私は主張したが、丸谷氏は平等だと言った。（同じ「母語のある言語」でも、たとえば朝鮮語とかインドネシア語〔マレー語〕を世界語にする場合と比較してみるのも参考になるだろう。）

イギリス語と日本語の間の階級差別と同じことが、日本国内の共通語と方言との関係にも存在する。この点が問題なのだ。

D

共通語と方言（または少数民族語）との間に階級差別のない関係とは、つまり本当の二本だてとはどういうことか。私がこれまでに訪ねた国の例でいえば、中国と北ベトナムが参考になるだろう。いうまでもなく、両国とも革命後まだ日が浅いから、理想に達したとはいえまい。しかし少なくともそのための努力はしている。その努力は、決して机上の論議段階ではない。

中国はいうに及ばず、北ベトナムにも多くの少数民族がある。革命前には、それらの少数民族は今の合州国や日本と同様、ヹト族（狭義のベトナム人）からモイ（野蛮人）とさげすまれ、その言葉など完全に無視されていた。ただし、これも合州国や日本と同様、その言葉の「研究」だけはけっこうすすめられていた。アイヌ語の「研究」がいくらすすめられようと、アイヌ民族は徹底して差別されてきたのと同じである。

革命後、少数民族地帯は自治区になるとともに、たとえばヌン族ならヌン語が義務教育の教科にとりいれられ、ヌン語の教科書が作られ、ヌン語の文学作品や伝統芸術が高く評価されるようになった。その評価を、たとえばアイヌ民族の木彫りのクマや、カナダのエスキモーが彫るソープ＝ストーンの彫刻に対する「評価」と混同してくれては困る。後者の「評価」は、最近のコケシのような民芸ブームと同次元の流行現象であって、あくまで観光資本の要求に応じているだけのことだ。（方言が似たような次元で〝評価〟されている傾向もあるが。）そうではなくて、民族の誇りが正当に評価されるような政策がとられはじめたということである。

文化革命後の中国は、少なくともタテマエとしてはこれをもっとすすめている。各民族が教育の現場で右のように実行しているのはもちろんだが、少数民族はどうしても相対的に不利だとして、その発言が大きく政策に反映するようにと、国の最高機関に当たる人民代表会議への代表派遣数を、比例代表制でなしに、少数民族ほど高率の代表を送れるようにした。おそらく言語政策もそれを反映しているハズだ。

こうした他国の言語政策については、本誌（『言語生活』）で他の適任者が詳細に語るであろうから私はかんたんにしておくが、中国や北ベトナムというと自称「社会主義国」であることから、もうそれだけでアレルギーを起こす人も、今の日本には多いであろう。それならば反対に、わが資本主義国日本の宗主としてのアメリカ合州国はどうか。最近、社会言語学者の比嘉正範氏が「言葉の民主化――アメリカの社会言語運動」という文章を書いている（『朝日新聞』一九七四年一二月四日夕刊文化欄）。これは方言の問題にとってもかなりおもしろい現象だと思う。ところどころ引用してみよう。

現在アメリカで、最も新しい型の民権運動の一つは、言葉の民主化運動である。これまでワスプ（アングロサクソン系白人新教徒）の英語が「標準語」とみなされ、黒人をはじめとする少数民族や集団は、この標準語の習得を学校でも社会でも強制されてきた。文化的同化とアメリカ主義確立のため、少数民族や集団は、自分たちの祖先の言葉を一日でも早く忘れることが望ましいとされてきた。（中略）

具体的には、まず少数民族や各地域の言葉の尊厳を認め、「方言」と「共通語」の機能的性格を明確にし、両者の共存を国語教育の方針とさせることであった。アメリカ国語教育学会は、少数民族や地方住民だけが自分たちの言葉に加えて共通語をも習得しなければならないのは不公平であるとして、白人の子弟はとくに黒人英語を方言として学ぶべきことを提唱した。(中略)

従来ハワイ出身の学生には必須科目であった発音矯正を、履修課程から最近はずしてしまった。このような科目は、地方人や少数民族の子弟に、言葉に関する劣等意識を植えつけることになるという理由である。また、カリフォルニア州やテキサス州に住むチカノ(メキシコ系アメリカ人)の子供たちに、国や州の予算で英語とスペイン語を同時に使って学校教育を行うようになった。(中略)

ある特定の人種、集団、地方、職業に対して、侮べつの意味がこめられた語句を使用禁止する運動も行われている。これらの語句の中には、女性を侮べつし、男性優位をあらわす単語も含まれている。たとえば、議長を意味するチェアマン(chairman)の代わりに、チェアパースン(chairperson)という新語が作られ、一般的に使われるようになった。(中略)

新語を作ったために、これまで侮べつの意をこめた語句が隠語として使われる可能性のある場合には、従来使用されてきた語句をみなが堂々と使うことによって「意味の洗濯」をし、偏見を洗い落とすようにしている。ブラック(黒人)という単語が、そのよい例である。この単語を公然と使うようになったため、カラード・ピープル（色のついた人）というような遠回しの語句はあまり使われなくなった。

（後略）

どうやらわが祖国日本は、中国や北ベトナムどころか、合州国にもおくれをとりそうだ。しかし、少数民族が本当に差別をされない社会体制をとらないでおいて、言葉だけ先に階級差別をなくすということが、果して可能だろうか。その意味では、合州国の試みも限界を感じさせる。またたとえばブラック（黒人）にしても、これは目覚めた黒人がみずから実践してきた結果ここまで到達したということであって、合州国の体制側がすすんでやったことでは決してない。

言葉の問題も、結局は政治ぬきでは無意味な論議になりそうだ。

――岩手県下閉伊郡田野畑村沼袋にて

（『言語生活』一九七五年二月号の「世界語と日本語と共通語と方言との関係」を改題加筆）

〔注1〕劇作家・内村直也氏は〝標準語〟について次のように書いている。――
少し極端かもわからないが、標準語が制定される迄の日本の言語には、伝統があり、文化があり、美があったが、標準語を制定することによって、それらのよきものを凡て犠牲にしてしまった、といえないこともない。日本の国語学者たちが、標準語という表現を嫌い、共通語ということばを使おうとしている気持はよくわかる。私も、標準語ということばは使いたくない。権力と結びついて出来た標準語などは、糞くらえ！　といいたい。共通語でいい。世界の趨勢からみても、理論的に標準語より共通語のほうが正しい在り方といえる。（中略）「キレイな標準語」などという表現は、私には、水と油のように思える。（『日本語と話しことば』から）
〔注2〕ノーベル賞の正体については、拙著『貧困なる精神・第1集』の「『ノーベル賞』という名の愚劣賞」および『貧困なる精神・第2集』（いずれも、すずさわ書店刊）の「天皇にこそノーベル平和賞を！」参照。〈**文庫版追記**〉ただし一九八〇年代後半ごろから、平和賞や文学賞を第三世界や非白人が受賞する傾向が出てきて、やや変りつつあるようだ。

二、『日本語類語大辞典』の編纂を

国立国語研究所は、「日本大語誌」構想の第一巻にあたる『国定読本用語総覧1』を刊行した（『朝日新聞』一九八五年一二月六日朝刊）。「日本大語誌」とは、上代から現代までの日本語の変化・展開の跡を、たどりうるかぎりの文献から抜きだし、用語用例辞典として集大成しようという野心的計画である。小学校の国定国語教科書（国定読本）分だけでも一二年かかる計画で、シリーズ全体の完成には一〇〇年以上かかるという。

これはこれで、もちろん大きな意義のある事業である。ただ時間的にもっと緊急性のある大仕事が、国立国語研究所にはあるように思われるのだが、一例として以下のような内容の巨大辞典を編纂してはいかがだろうか。

たとえば私の郷里の信州・伊那谷の言葉を考えてみよう。そこにはいわゆる「共通語」にはどうしてもぴったり訳せない方言がある。少なからずある。「みやましい」「おやげない」「きぶる」「ずくなし」「こびい」「いきれる」等々あげればきりがないが、もともとすべての方言は、「すべての外国語」と同様な意味において、ぴったり同じ内容で対応する単語など一つもないと極論できよう。関西弁の「しんどい」は、「つかれる」「かったるい」「難儀だ」「骨が折れる」「だるい」等々のどんな類語をもってしても、ひとことで「しんどい」に一〇〇パーセント代替できる単語はない。そして方言は、その地域の生活や歴史と密着して育てられ、感情のこまかなヒダにいたるまで表現するためには、「共通語」よりもぴったりの微妙な単語が多い。

そのような豊かな表現力をもつ方言は、日本全国では厖大《ぼうだい》なものになる。いそいでつけ加えると、私は「方言辞典」を作れといっているのではない。むろんそれも兼ねることになるであろうが、要するに類語辞典の巨大版を作ってほしいのである。各地の古い言葉を知っている老人たちが日ごとに少なくなりつつあるとき、これは緊急課題ではなかろうか。

「方言」といっても、単に「共通語」への反対語にすぎず、すべての方言はそれ自体が日本語そのものである。秋田県の阿仁方言と東京都の江戸方言との間には何の上下関係も従属関係も存在しない。要するに日本語の豊かな地域差というだけのことにすぎない。

だが、その「だけのこと」が、言語文化のきわめて本質的なところで重大な意味をもつ。要するに「日本語」といえばそれは正確にはそのまま全方言を包含する言語文化集団を意味するのである。(こんなことはその道の人々には当然すぎる常識にすぎないが。)

だが、現状の「国語辞典」はどうだろう。貧弱な「共通語」ばかりのものがほとんどであって、たとえばわが伊那谷方言などは全国のなかでとくに語彙《ごい》の豊富な地域でもないと思われるのに、大冊の国語辞典でもほとんど出ていない。方言を切り捨ててしまった国語辞典などは、「共通語辞典」にすぎないではないか。正しい意味での「日本語辞典」は、「共通語辞典」の何倍もの単語数になるだろう。

私の熱望する日本語大辞典は、次のような条件をそなえたものである。

① 全国の方言をもれなく網羅《もうら》し、出自《しゅつじ》も示すこと。

② そのすべてに豊富な用例文をつけること。むろん例文はすべて方言のままだが、共通語訳もつける。

③ 排列《はいれつ》は五十音順としても、全単語についての類語辞典もあわせて編集する。

ここで強調したいのは③の役割である。各地の方言を知っている人など稀有なので、単語から意味をひく用法だけではこの辞典の価値は低い。従来の方言辞典のほとんどはそれだった。ここで類語辞典も索引つきでつくれば、豊富な方言が大いに生かされることになる。とくに文章を書くさいの強力な助手となってくれるであろう。

さきに国立国語研究所が刊行した『分類語彙表』（一九六四年・秀英出版）は、むろん共通語だけのものだが、非常に役立つ類語辞典であった。実に単純な単語集であるにもかかわらず、適切で論理的な分類なので、もっと部厚い他の類語辞典よりもはるかに実用的だ。この機能をもはたす日本語大辞典だからこそ、仮称『日本語類語大辞典』としたいのである。

この作業は、しかし多くの人手と全国的調査とを必要とするので、一出版社の財力と人材だけではむずかしい。国立の研究所のようなところにこそふさわしい事業である。すでに各地で出ている方言辞典の類もむろん吸収するにせよ、それらの中には言語学上の正確さの点で疑問のある例も少なくない。やはり研究所の専門家による指導のもとに、全国的な委員会なり調査機関なりを組織して採集・編纂すべきであろう。

真の意味での豊かな「日本語」が急速に崩壊を始めるのは、高度成長期からであった。広範囲の移動とテレビの普及。したがってこれ以前の世代が死んでしまえば、「日本語」の豊かさも死んでしまう。

最近、たとえば「せり」（競売）といういい日本語があるのに「オークション」とか言ってみたり、「さじ」を追放して「スプーン」などとわざわざ言いにくくしたりの植民地化現象が目立つが、この本来の日本語(方言)にはもっと利用し顕彰すべき言葉が限りなく豊かに存在するのだ。右のような事業を国立機関がみやましく(かいがいしく、またはキチンとやる様子の伊那谷弁)やってくれれば、植民地用語(私は「家畜語」とよぶ)のはいりこむ余地も少しはせばまるかもしれない。

以上まででこの一文を終るつもりだったが、念のため方言研究の専門学者に御意見をきいてみようと、かつてその著書に大いに啓発されたことのある藤原与一氏(広島大学)にうかがってみた。

たいへん驚かされたことに、藤原氏はこれに近い作業を三十数年来つづけてこられて、厖大なカードをいま整理する作業に追われているのであった。八〇歳になったらその刊行にかかるとのこと、いま七六歳である。四〇歳からスタートした大仕事だった。協力者を求めたものの、藤原氏の壮大な方法論に全力を傾注してくれる若手はなかなかいなくて、結局は一人の作業になったという。全国から五十数カ所を選んでの採集・記録・検証だから、途方もない大計画だ。その学問的情熱には本当に頭がさがる。その一地域だけのまとめの試みとして、『瀬戸内海方言辞典』が来年出る予定だが、これだけでも四〇〇字詰めで約三〇〇〇枚に達するという。全体では何巻になるかわからないが、仮題は『日本方言辞書』である。完成すれば、かの諸橋轍次の『大漢和辞典』以上に重要な意義を持つものになるかもしれない。

だが、国立国語研究所のような公的機関もまた、前述の提言のような大事業を網羅的にすすめてほしいと思う。いかに碩学の情熱をもってしても、一個人によっては「網羅」としての量的な完全性を求めるには無理があろう。個人の方法論を集中的に貫徹する藤原氏のような大仕事と、それは「ダブる」のではなくて互いに補完しあうことになるはずだ。

藤原氏のお話をきくうちに、私が「方言」という言葉になんとなく感じていた不満を、**「生活語」**という言葉で藤原氏は解消して下さった。さきに『方言』といっても、単に『共通語』への反対語にすぎず、すべての方言はそれ自体が日本語そのものである」と書いたのは、「方言」なる単語への不満のあらわれだったわけだが、なるほど「生活語」とすれば実態を正確にあらわしている。外国語にたとえれば、共通語はエスペラントのような国際語であって、**方言こそが真に民族の生活文化を言葉に反映している生活語なのだ。**

藤原氏の大事業の進行と完成を心から祈りたい。

（『潮』一九八六年二月号）

〔追記〕つづく二章でも論じたこの種の「真の日本語大辞典」について、志ある出版社が編纂してくれないものかと、まず『諸橋漢和』の大修館書店にもちこんでみたが、役員会で検討の結果、実現されなかった。次いで岩波書店と弘文堂にももちこんでみたが、やはり無理であった。文化事業も結局は鈴木一平のような一種狂気ともいえる人物がいなければだめなのであろう。最近になるほどそんな人物が日本に出なくなったようだ。

三、日本には日本語の辞書が存在しない

いきなりまた憎まれ口の極論をいえば、日本にはまだ真の「日本語」の辞書が存在しないのである。なぜか。

いうまでもないことだが、辞書・事典・字引きの類はその国の文化水準をよく反映する。『朝日ジャーナル』一九八八年一一月一八日号に書いた例のように、アイヌ語の辞書が五〇年前のイギリス人の四版を超えることが今なおできない日本の言語学（あるいは文化人類学）界は、「それなりの実力だ」と評されても仕方がないであろう〔注1〕。

こんど三省堂から国語辞典の力作『大辞林』が刊行された。この種の大型辞書としては、これまでに『大言海』（冨山房）をはじめとして、『大辞典』（平凡社）・『広辞林』（三省堂）・『広辞苑』（岩波書店）・『日本国語大辞典』（小学館）等々があって、それぞれ

に特長をもちながらも、一般的にはあとに出るものほどその時代の人に便利な傾向があった。こんどの『大辞林』は、刊行と同時に買ったばかりなのでまだ使いこんでいないから一瞥したかぎりでの感想だが、たしかに一歩前進しているようだ。編集者の熱意が伝わってくる。現代国語の常用辞書としては最も役立つにちがいない。

欲をいえばきりがないし、趣味の問題にもなってくるのであろうが、それでも不満は残る。百科事典的要素を多く盛りこむよりも、同じ紙数ならコトバそのものの機能(辞書)をもっと豊富にし、類語との違いを明確かつ具体的にし、用例や実際の使い方にもっと力を入れてほしかった。この欠点はこれまでの国語辞典に共通だと思う。『Webster』(イギリス語)や『Robert』(フランス語)などのやり方も参考になろう。あるフランス語学者の言葉を借りれば「結局は外国語屋が主体になってやらんとだめなんじゃないか」。

私はしかし、この次元の国語辞書とは全く別の「日本語辞書」への夢がある。お気付きのように「国語」と傍点をふってきたのは、日本語と国語との違いを明確にする意図があってのことだった。「国語」というとき、一般にいわゆる「方言」は対象からはずされている。(これまでのところ『大辞典』が方言を比較的優遇した。)一国あるいは一民族の言葉をあつかうにさいして、これでは「民族語の一部」しか対象にしていないことになるではないか。

わかりきった当然の話にすぎないが、たとえばわが故郷・信州伊那谷の言葉はすべて日本語であって、ドイツ語でも中国語でもない。ただし「国語」かといわれると少々違ってくるであろう。東北弁であれ九州弁であれむろん同様である。伊那弁などは独特の表現がとくに多いほうではないと思うけれど、それでも「国語」ではぴたりと表現できない言葉、それ以外には一言であらわせぬ類の単語が少なくない。「みやましい」「いきれる」「きぶる」「ややけて」「せんしょな」「小《こ》びい」〔注2〕等々、地域的には多少ほかと重なる言葉もあろうが、これらはいわゆる共通語（標準語）ではとても一言で代替することができないだろう〔注3〕。いや、実は同じ単語、たとえば「雪」であっても、新潟市で考えられてきた雪と北海道旭川で考えられてきた雪とでは内容が異る。この点は外国語の単語との違いと本質的には同様だ。

「国語」と「日本語」と「方言」の関係については、同じ日本国内での異民族語たるアイヌ語の場合を例に説明すれば分かりやすいかもしれない。『アイヌ語辞典』をつくる場合、もし白糠《シラヌカ》地方のアイヌ語だけで編纂して『アイヌ語辞典』とするなら、ほかの地方のアイヌ民族としては黙視しえぬことになる。沙流《サル》アイヌや白老《シラオイ》アイヌや十勝《トカチ》アイヌそのほかの言葉はアイヌ語ではないのか。アイヌ語の場合は「共通語」（あるいは標準語）を強引に定めてはいないので「国語」に相当する単語はないが、アイヌ語について白糠方言だけで編纂して、あたかも全アイヌ語の辞典であるかのように僭称しているのが「国語辞典」の類なのである。

すでに私の意図は理解されたであろう。現在の「国語辞書」の類は、すべて「共通語辞書」または「標準語辞書」にすぎないのだ。もっと皮肉をこめていえば「日本語の一部の辞書」にすぎぬ。あとの大部分の膨大な日本語は無視・黙殺されてきた。これはひどい文化的差別ではないのか。「方言」という言葉は、標準語の反対語として使われ、国語から切り離され、したがって国語学・国文学からも除外され、「方言学」や、ときには民俗学の分野におしやられてしまった。これが日本語のゆたかさにどれほどマイナスになったか、ほとんど想像を絶するものがあるだろう。いわゆるヤマトコトバには本来すべての方言が含まれるべきものであろうが、これまた「国文学」上の主流として文字化された古典にばかりかたよってきた。もし真の日本語（つまり全方言を含むもの）が常用辞書として活用されるべく古くから編集されていれば、明治以後の日本がこれほど漢語に頼らなくてすんだであろうし、今みられるようなイギリス語（家畜語）乱用による植民地化情況に対する文化防衛にもなったであろう。いま家畜語として使われている無数のイギリス系の単語には、「ミーティング＝よりあい」式〔注4〕に、家畜語以上にぴったりの日本語（全方言を含む）がいくらでもある。以下、「日本語」といえば全方言を含む意味と考えていただきたい。

日本の今の「主流」たる東京や関西以外の日本人と話していると、ハッとするような見事な日本語に出合うことがよくある。いちいち例をあげきれるものではないが、一昨年岐阜県できいた「ずぼる」（雪の中に足が深く落ちこむ様子＝伊那弁だと「つんもる」）とか、つい先日山口県人にきいた「かるう」（「背負う」よりもやや気軽な動作）という動詞……。こうしたゆたかな日本語は、しかしながらいま急速に消えつつある。おそらく今の五〇歳前後の世代を境に、それ以後の若い世代はＮＨＫ的な偏向した狭い「国語」の影響をもろにかぶって成長した。家ではテレビ、学校では「国語」教師を中心とする先生たち。むろん日本語を大切にする良心的教師もいるのだが、怒《ど》濤《とう》のごとき「国語」化と家畜語化の勢いに抗すべくもなかった。

だが、この植民地情況を嘆く人々が、より豊かな日本語を意図的に使おうとしても、かなしいかな、日本には日本語辞書がまだないのだ。この真の日本語辞書は、類語辞典の性格を重視しなければならない。右の例でいえば、「ずぼる」という的確な表現を知らぬ者がこれを得たいとき、たとえば深い雪に「沈む」とか「落ち込む」「はまる」等ではどうもうまくないので、何かいい言葉はないかと「沈む」なり「はまる」なりを引くと、そこに用例とともに「ずぼる」が現れる、といった使い方も可能な辞書である。

（『朝日ジャーナル』一九八八年一一月二五日号）

〔注1〕アイヌ語の本格的辞書の編纂については、いま萱野茂氏による単独著作のほか、藤村久和氏（北海学園大学教授）を中心にすすめている集大成的大辞典もある。それとは別に、故・吉田巖氏採集の語彙集や、アイヌ民族自身たる葛野辰次郎氏（七八）の語彙集が刊行される予定。

〔注2〕「小《こ》びい」は「小《こ》僧《ぞう》」と対になって使われる名詞で、年少の女の子をいくぶん悪《あ》しざまに、あるいはからかい半分で呼ぶときに使われる。例「この生意気なコビイめ」

〔注3〕伊那谷の日本語の解説については下沢勝井『伊那谷の方言歳時記』（郷土出版社）があり、また日本語伊那谷辞典ともいうべきものに『ずくなし』（上下二巻＝伊那市・伊那毎日新聞社）がある。

〔注4〕「たかが立て札の文句だが……」（本書一九三ページ）で、「よりあい」という適切な日本語を捨てて「ミーティング」という長たらしいイギリス語に走る愚にふれた。

〔注5〕二〇一八年一二月一九日の追記＝注1の件について藤村久和氏に電話で聞いたところ、この「集大成的大辞典」は現在も引き続き編集が進行中とのことであった。また「それとは別」の語彙集についても、より広い研究者たちの協力で着実に進められつつあると。

四、真の「日本語大辞典」への一里塚たる
藤原与一博士の『瀬戸内海方言辞典』

前章のような趣旨の雑文を別の視点から三年前に書いたことがあり〔注〕、そうした辞書を仮称『日本語大辞典』とすることを提言しておいた。そのあとで、方言学の大家・藤原与一氏（広島大学名誉教授）が、似たような意図による『日本方言辞書』の編纂をすすめておられることを知った。「方言」という一種差別された表現に対し、藤原氏は「生活語」という正当な表現を使われる。真の日本語大辞典は、生活語こそを網羅し、かつ活用できるものでなければなるまい。

藤原氏は、全国五十数カ所を選んで生活語の採集・記録・検証を蓄積してきた。こういう大仕事はまさに「蓄積」がものをいう。三年前にお話をきいたとき「八〇歳になったら刊行のための執筆にとりかかる」と計画され、膨大なカードを整理する仕事に没頭

されていた。その八〇歳の誕生日を今度の正月六日にひかえている。これまでに各地の研究者が発表してきた成果もすべて吸収した上でのこの大計画は、量・質ともにかの諸橋轍次の『大漢和辞典』（大修館書店）に匹敵しようが、日本語としての意義を考えるとき、その文化的重要性は諸橋漢和以上のはかりしれぬものがあるだろう。これこそが「初めての日本語辞典」ともいえるのだ。（その意味でも、私の個人的希望として題は「方言」という言葉ぬきの『日本語大辞典』がふさわしいと思う。）

このような大計画への部分的こころみとして、藤原氏は今夏『瀬戸内海方言辞典』（東京堂出版）を刊行した。氏の故郷を中心とする地域について、氏の方法論を全面的に適用しての大冊である。学問的情熱と謙虚な姿勢を反映させたこの「日本語辞典瀬戸内海版」ともいうべき本の序文には、郷里・肥海《ひがい》の全生活語を中心とする本書編纂の意図について「自語に徹底することなくしては、人はだれしも、絶対的な辞書記述はなし得ないであろう」と、言語を扱う者の心得の核心が述べられ、さらにあとがきで「この本が、これからのしごと、『日本方言辞書』に接続する」と、遼遠な大事業への抱負が述べられている。

「ひと区切りの仕事とも言われますが、私としては決してそのように区切ってはならない、そうすることで気がゆるんではならないと思うのです」と語る藤原氏のいま一番の心配は、「生命に限りがあることです」といわれる。まもなく迎える満八〇歳の碩学による、心にしみる言葉ではないか。こればかりは神のみぞ知る「限り」のとき、それまでには少なくとも路線が敷かれ、心ある若い同志によって引き継がれることを藤原氏は念じ、かつ信じておられる。「困難」は多いが、少しも「苦」ではないと。

長寿が条件の厳しい学問分野だが、当の諸橋轍次（享年九九歳）をはじめ、一〇〇歳前後まで現役の学究にたずさわりつづけた大学者・文人も少なくない。その人々からすれば八〇歳はまだ「完成期」のスタートである。日本文化の根幹にかかわる藤原先生の大事業の完成を、心底からお祈りしたい。

同時に、諸橋漢和を例にあげたついでといっては失礼ながら、この世界的文化財ともいえる『大漢和辞典』一三巻が産みだされるに際して、大修館書店の創業者・鈴木一平の果たした役割を強調し、藤原与一博士の『日本語大辞典』の完全刊行を約束する偉大な出版人の出現・支援をも期待して待ちたい。

鈴木一平が生涯どころか父子二代をかけて諸橋漢和に注いだ情熱は、その『索引』（第一三巻）の「出版後記」に凝縮されている。鈴木が諸橋のところへ一年三カ月余足を運んだ末に出版を決めたのが一九二七年。ところが四年後に、完成は「何年掛るものか皆目解らぬ状態」となり、編集費も今後どれほどかかるか見当もつかなくなる。鈴木はこの出版の意義を改めて認識した結果「その辞書が一揃いでも世の中に残る限り、私自身の生命が形を変えて、永遠に持続するのだと思うに至り、自らを励まし、私の資力と体力の一切を注入して、この事業完遂に一生を捧げようと決心した。」

そこで鈴木は、活字の鋳造・製版のための付属工場を特設し、原版全巻を組み置きにして常に訂正可能にした。使用文字も各種ごとにすべて新しく彫刻すべく、彫刻師数十人が数年かかって数十万本を彫りあげた。だが、日中戦争、太平洋戦争とつづく時代の用紙事情・造本事情は困難をきわめる。ようやく「誇りをもって」第一巻を刊行したのが一九四三年秋だったが、敗戦直前に大空襲ですべてを失う。

戦後、ゼロから再出発した鈴木は、「この事業の完全なる遂行は、私以外にはなしえないが、若し事業半ばに於て死亡し、この出版に支障を来すならば」……と責任の重大さを痛感し、慈恵医大にいた長男を退学させて経営に加わらせ、旧制二高を出たばかりの次男は大学を断念させて写真植字を習得させ、三男は商大の卒業をまって経理を担当させる。やりなおし第一巻が出たのは一九五五年秋（文化の日）であった。そして最終巻が一九六〇年に出るまでを述べたこの「出版後記」は、ほんの十数ページながら強い感動に目頭の熱くなるものがある。何という偉大な出版人だろうか。この人なしには諸橋漢和が理念どおりに実現しなかったことは確実であろう。

この後記のはじめのほうに「大正から昭和の初期に於ける出版界の情勢として、一国の文化を代表するほどの良書の出版は、誠に少ない有様であった」という言葉がある。出版点数からいえば当時の何倍になるか見当もつかぬ現在、はたしてこの言葉が死語となっているだろうか。

最後にまた『日本語大辞典』に話題をもどす。藤原与一氏の事業は、全国五十数カ所の拠点採集のほか、各地域での過去の成果も可能な限り吸収して編纂するものだが、極端なことをいえば谷ひとつ違えば生活語も違うほど豊かな日本語のこと、それでも全国の網羅《もうら》は困難であろう。そこで、言葉に関心の深い有志はどの地域にもいるもの、それぞれが「自語に徹底」（藤原氏）して、自分の住む谷の日本語だけでも可能な限り採集してはいかがだろうか。

そんなとき、この道の専門家なり学徒なりは別として、志はあってもしろうとの場合、方法論的な不安がつきまとうであろう。この点を補ってくれる藤原与一氏の著書に『方言学の方法』（大修館書店）がある。アクセントの表記法その他もこれによって統一されていれば、やがて『日本語大辞典』に寄与される場合にも好都合であろう。諸橋漢和の刊行事業に延べ二五万八三四七人もが動員された（前記「出版後記」）ように、藤原大辞典にも多数が協力したいものである。

本当は、税金で運営される国立国語研究所の仕事でもあると思うのだが、三年前に問い合わせたときにはあまり熱意が伝わってこなかった。私ももし定年後まで生きていたら、郷里・伊那谷の日本語辞典（兼類語辞典）を同好の士とともに編纂したいと思う。

（『朝日ジャーナル』一九八八年一二月二日号）

〔注〕『潮』一九八六年二月号「『日本語類語大辞典』の編纂を」＝本書収録。

五、作文を嫌わせる法

「最近の若者は文章力不足だ」という声はよく聞くし、つい最近も経済同友会が経営者を対象に行なった「国語意識調査」でも同様な結論に達し、国語教育の見直しを提案している（『朝日新聞』一九八〇年一一月三〇日朝刊）。

ところが、その「提案」として出された小学校での改良対策を見て、ばかばかしさにア然とせざるをえなかった。これでは「若者の文章力不足」は当の経営者たちの「意識」の反映だと思いたくなるし、実際問題として、そのように若者を「教育」した側はかれらの世代ではないのか。

「提案」によれば、小学校で和歌・俳句・古典文語文を教科書に採用したり、漢字制限を廃止または退歩させたりすることが「文章力」上昇への道だというのである。いったいこの人々は、自分自身の「文章力」を考えてみたことがあるのか。全く無内容で愚劣な文章でも、漢字がたくさん使われていたり「文語調」であることの方が、論旨明快でわかりやすく、漢字の少ない文章よりいいというのだろうか。

文章力の根幹は、子供が表現する喜びを持つことができるかどうかにかかっている。絵でも音楽でもそうだが、文章の場合は「書く喜び」を体得することがすべての土台である。「文章力」はその上での技術や知識なのだ。いくら書くための技術や知識を「受験」用にたたきこんで子供を虐待しても、文章力などはちっとも向上しないだろう。むしろきらわせるだけだ。

今の小学校で子供たちがどんな作文指導をされているか、よく調べてみなさい。例外的少数の先生が個人的にやっている場合を除けば、驚くべきことに、独立した教科としての作文の時間などゼロなのだ。いつからこうなってしまったのか。奇妙なことに「読書感想文」はよく書かせる。だが、こんなものは読書をきらわせるだけだ。読むたびに感想文を強制されては、読書ぎらいが条件反射的に完成する。その上で、書いた感想文について「何を言いたいのか」「漢字が間違っとる」「くどい」「段落はどこだ」等々と文句ばかり言われて、どうして「表現する喜び」が育ちますか。

間接的に私の知っているある女性教師は小学校（公立）低学年の担任だが、子供に自由作文を思う存分書かせ、書かれたものを実に面白がって読み、子供たちに「面白く読んでくれた」と感じさせ、さらにドンドン書きたいように書かせる。テンやマルや字などの技術指導もむろんするが、あくまでそれは副次的なものだ。やかましくは言わぬ。字なども汚くて平気。主眼は「書きたいことを書きあらわさせる」べく、書くことに抵抗を感じなくさせ、さらに喜び（まさに創造の喜び）にまで到達させる点にある。だからこのクラスの子は、みんな大量に書き、結果として平均的に文章力のレベルが高い。

これこそが作文なのだ。しかし、こんな先生はメッタにいない。ほとんどの先生は、子供たちに「作文をきらわせる法」を指導している。そして何よりも、今の「受験体制」価値観のモノサシだと、真に作文能力のある子が全然評価されず、漢字や文法や古典の知識の方が「国語力」として評価されている。これでは「選別」（差別）教育を助長するだけであろう。ばかばかしさもここに極まれりだ。

（『朝日新聞』一九八〇年一二月二二日夕刊）

六、複眼と「複眼的」

「複眼的発想」というような言葉をよく使う人がある。複眼とは、昆虫や他の節足動物の一部にみられる目玉であって、小眼（または個眼）が束状に集まっている。つまり全体で一つの目玉としての役割を果すから、結果としては複眼も人間の目も（精度は別として）似たようなものである。一つ一つの小眼は、だからそれぞれ対象の一部を見るにすぎず、それらの一部一部をつなぎあわせて、人間と同様に全体を見ることになる。これは中学生の生物教科でも教えられることだろう。

だが、「複眼的」という言葉を好んで使う人の文章をみると、どうも複眼を正反対の意味に解しているらしい。つまり「さまざまな違った角度からモノを見よ」と言っているのである。となると、トンボはモノを見るとき、同時に左右や正面や裏側から多角的に見ることができるのだろうか。トンボは月の裏側を見れるのですか。とんでもない。視界は魚眼と似て人間より広いかもしれないが、一つのモノを多角的になど決して見ることはできないのだ。その点では人間と少しも変らない。

もし「複眼的」と「複眼」とは正反対の意味だということが公認されているのであれば話は別だが、そんな辞書はまだ私は見ていない。そうであれば、こうした誤った用法は避けるべきであろう。たとえば「多角的」とか「多面的」「共鏡《ともかがみ》的」「合わせ鏡的」といった表現もできる。実際、同時に前後左右からモノを見るには多面鏡が一番よく、地球上のいかなる動物の目玉にも多角的なものは存在しない。

(『朝日新聞』一九八五年一月七日夕刊)

〈追記〉 右の記事を見たある読者から、小学館の『日本国語大辞典』には複眼が多角的の意味として出ているという指摘があった。調べてみると、①では節足動物の眼について説明しているが、②として次のように出ている。

「多くの人の目。また、いろいろな立場、角度から物事を見ること。」

これはこの部分を書いた筆者が無知だということであり、辞書自体の誤りである。少なくとも(誤用)とことわるべきであろう。

七、何をもって「国語の乱れ」とするのか

一九九二年九月二七日に発表された日本語に関する世論調査（総理府）は、さまざまな基本的問題をはらんでいる。しかもこれは「昨年九月に発足した第一九期国語審議会の審議資料とするため」（『毎日新聞』九月二八日）の世論調査だというから、日本語についての政策にかかわり、私たちの文化としての言葉にいやでも影響する問題たらざるをえない。

たとえば現在の日本語が「乱れている」と考える人は約七五％にも達するという（同紙）。私もまた「乱れている」とは思うものの、その内実がこの七五％の人々とどの程度一致するかは極めて疑問である。内実について回答（複数回答）の多い順に並べると（四捨五入）、①話し方（七二％）②敬語のつかい方（六七％）③あいさつの言葉（五二

%）の三者が各五〇%以上で圧倒的に多い。しかし私にとってはこれら三者は「日本語の乱れ」と言えるほどのものではない。つまりこれらは「躾《しつ》けの問題」に属することであって、言語文化の問題とは基本的に別次元である。言語文化にかかわるものとしては、せいぜい④新語・流行語（三〇%）⑧外来語・外国語のつかい方（八%）くらいではなかろうか。これには設問の仕方そのものにも問題があるだろう。

最大の「問題」は、「乱れとは何か」である。たとえば⑤発音やアクセント（一七%）という項目があるが、アクセントが違うことを「乱れ」という場合、具体的にはどういうことなのか。

私の郷里・伊那谷（信州）では、雲をク**モ**、蜘蛛を**ク**モ（太字にアクセント）と言う。しかし東京弁はどちらも**ク**モと言い、両者を区別しない。べつにおくに自慢というわけではないが、区別するほうが論理的であり、したがってわかりやすい。（ついでながら「論理的」ということは「わかりやすい」こととほとんど同義語に近いほど、わかりやすいための必須条件なのだが、案外これが認識されていない。）しかしどちらが「正しい」かは、言語文化としては何の問題にもならず、したがってどちらにしても「乱れている」ことにはならぬ。

ところが、もしどちらかを一方的に「標準語」にして、その方が「正しい」とする

「国語政策」を定めたとすると、他方は「正しくない」ことになり、したがって「乱れて」いることになる。この場合「もし」ではなくて、実際に東京弁を一方的に「正しい」としたために、伊那弁としての論理的な「クモ」は「乱れている」ことになってしまうのだ。何という一方的な差別、言語ファシズムであろうか。

実は「乱れている」とする人々の内実には、この種のものが圧倒的に多いのである。だからこそ日本語を「美しく豊かにするための心がけ」（複数回答）という設問に対して「相手や場面にふさわしい言葉づかいを身につける」という回答（五七％）が最も多いことにもなるのであろう。「相手にふさわしい」とはどういうことか。これが「年寄りに敬意を表する」といった程度ならともかく、たとえば第一人称の呼び方となると、「俺」という言葉は「失礼」だろうか。これも伊那弁であれば男は「俺」以外は何もないので、いわゆる目上であろうが目下であろうが、すべて俺だけである。（女はすべて「わし」だけである。＝〈注1〉）これが東北地方となれば男女をとわずオレだけになるから、もっと無差別であろう。その意味では、これはフランス語の「ｊｅ」やドイツ語の「ｉｃｈ」やエスペラントの「ｍｉ」や中国語の「我」やイニュイ（エスキモー）語の「uwanga」等と同じく全階級・全階層に公平である。だから「俺」だけで育った私は、あの「僕」「ボク」という言葉が実に卑屈で下品でいやらしくきこえるので、どうしても口にできない〔注2〕。しかしオレと言うと、私たち伊那谷の言語文化では全く公平な「美しい日本語」であるにもかかわらず、東京弁だと「乱れている」か、少なくとも生意気ととられるのだ。（本当は文章でも俺と書きたいが、そこまでは自己主張しないでがまんしている。実は自己主張ではなく、単に自分の言語文化に正直なだけなのだが。）

したがって日本語を「美しく」などと設問しても、実態は日本の「主流」たる東京弁や関西弁を基準とするモノサシで考えているにすぎないことが、圧倒的に多いのではなかろうか。さらに「豊かにする」となると、総理府や文部省はむしろ逆のことを考えている可能性がある。つまり信州であれ東北地方であれ長州であれ飛騨であれ、全く言うまでもないことながら、そこで話されてきた言葉はすべて日本語だ。これらの中には、東京弁や関西弁ではどうしても言いあらわせない微妙な言葉がたくさんある。全日本のこのような日本語（地域語とか生活語とか言えようが、方言とは呼びたくない＝〔注3〕）をすべてとり入れたら、日本語は今よりもはるかに豊かになるであろう。ところが「乱れている」と主張する人々の内実はこれとは逆に、こうした豊かな日本語を排除して、せまい東京弁などをもって「正しい」とし、あとは「乱れた」言葉の範疇に含めているのではなかろうか。文部省や総理府も、こうした差別的で帝国主義的な日本語観をもって、この種の世論調査の設問をつくっている恐れはないだろうか。意図的ではないにしても無意識あるいは無知なままに。

　このことは、同じ世論調査を報じた同日の『朝日新聞』をみても、政府や「識者」にそんな意識などないらしいことがわかる。すなわち、「見られる」を「見れる」、「食べられる」を「食べれる」といった「ら抜き言葉」で話したり書いたりすることについて、文化庁国語課は「従来は文法上誤った用法とされてきた」（同紙）と言っている。つまり「ら抜き」が「乱れた言葉」なのだ。

　嘆息とともに怒りさえ覚えるこの感覚。そもそも「ら抜き」とは何だ。私（いや俺）に言わせれば、「見れる」こそ正しいのであって、「見られる」などは「ら入り言葉」として乱れた欠陥品である。なぜか。

　再びわが伊那弁の日本語で説明しよう。「見られる」と「見れる」は全く別の言葉であって、**ク**モとク**モ**が異るように両者は厳密に区別されている。つまり「見られる」は受け身であって可能の意味はなく、「見れる」は可能だけであって受け身の意味はない。ところが東京弁〔注4〕の「見られる」は、受け身と可能の双方を意味するから区別がつかず、それだけあいまいであり、区別のためには前後の文脈で考えるほかはない。「ボクは見られる」だけで、可能か受け身かを区別することはできないのだ。しかし伊那弁だと「オレは見られる」とすれば受け身だけ、「オレは見れる」なら可能だけを意味する。なんと論理的日本語ではなかろうか〔注5〕。いったいどちらが「乱れて」いるのか。

この「論理的日本語」は、伊那弁だけでは決してない。この「ら抜き」が「気にならない人」に地域差があって、「北海道や北陸地方で七〇%を超えたのに対し、関東地方では五〇%を切る」(同紙)のである。当たり前だ。「ら入り」の方が「乱れて」いて気になる地域では「ら抜き」が正しいのだから。俺なんかも可能のとき「見られる」などと言ったらクツバッコイ(こそばゆい・くすぐったい)感じがして恥ずかしいくらいだ。文化庁や総理府はこんな背景についてさえ無知なのだろうか。この記事にもこうした背景の反映はなく、談話としては「文部省の国語審議会委員で歌人」の次のような言葉がある。

「ら抜き言葉が気にならない人が、これほど多いとは思わなかった。(中略)文法があって日本語が作られたのではなく、日本語を観察して作ったのが文法であり、変わっていくのは自然の流れです。」

このような論評では、一方的かつ差別的な「正しい文法」が強引に決められていて、それが変化してゆくという中央集権的・帝国主義的価値観の裏返しにすぎず、「ら抜き」など一地域語にすぎぬという相対的認識が全く欠如している。

こういう人々が国語審議会委員として政策決定にかかわるのだから、日本語を真の意味で「豊かにする」ことなど、当分はおぼつかないと覚悟をきめなければなるまい。その「当分」の間に、豊かな地域語・生活語はお年寄りの減少に比例してどんどんほろぼされてゆく。

日本語を「乱れている」とみる人々のかなり多くが、単に言語帝国主義的「標準語」価値観に犯された結果にすぎないことをご理解していただけただろうか。この価値観をもっと極端にした場合を考えると、これはわかりやすいだろう。

現在の世界における言語帝国主義的役割は、おそらくイギリス語が最もはたしている（といっても、この一地域語が通ずる世界は多くの日本人が想像するほど広くはない）が、これをもし「世界語」といった誤った価値観によって強引に「標準語」に定めたらどうなるか。まずこの一民族語たるイギリス語（より正確にはイングランド語）で育った人々は、何の苦労もなく母語〔注6〕がそのまま世界共通語としての「標準語」になって実にラクチンだ。ところがそんな言語環境にない圧倒的多数の人々はこれを苦労して学習しなければならず、そのために生涯の限られた時間のかなりのパーセントを費し、しかも他民族語の学習能力には（何の分野もそうだが）個人差があるため得意・不得意の差ができ、しかもこれ（イングランド語）が母語（日本人なら多くは日本語）よりも〝高級〟だという誤った価値観にとらわれているために、そんな〝世界語〟を話せる者がエライと思いこまされ、普及するにつれて母語が軽蔑され、ついには「日本語などは乱れた言葉だ」という〝常識〟がまかりとおることになる。このような巨大な不公平、言語文化破壊をもたらす民族的不幸を防止するところにこそ、エスペラント運動のような中立的国際語の意味があるのだが、こうした真の国際語に対する認識はまだあまりにも低い。

「極端にした場合」とさきに述べて右のような例をだしたのだが、実はこのような現象は空想次元のものでは全くない。たとえばフィリピンの「上流階級」や「中流意識」層では、すでに他民族のイギリス語が日常的に使われ、母語たるタガログ語は「下賤な言葉」「下層階級の言葉」とされている〔注7〕。ひとつの言語がほろびるのに一〇〇年とかからぬ例はいくらでもあった。日本語がタガログ語のように「下賤」で「乱れた」言語にされれば、滅びる一歩前であろう。

ところが、まさに日本語を「それ自体の中に自己を組織する原理をもっている言語ではない」という最大級の軽蔑をもって断じた日本人「哲学者」がいる。言語についてのごく初歩的知識さえ欠いたこの「学者」は、かつてパリ大学で日本語を教えていたという森有正氏である。およそ「自己を組織する原理」をもたぬ言語など世界に存在しないのだが、この馬鹿馬鹿しい「見識」からすれば、日本語などは「乱れている」どころか「人間の言語じゃない」ことになろう。

似た例をもうひとつあげる。評論家の清水幾太郎氏は、自著『論文の書き方』（岩波新書）のなかで「特殊な語順を初めとする日本語の特色」といった位置づけ、つまり西欧語を「標準」とする価値観によって日本語を特殊化し、「陰気な気分になって」いる。実は日本語と同じ語順など世界にいくらでもあるのだが、これもまた西欧語のモノサシによってそれ以外を「乱れた」言語とする植民地的発想である。日本語を滅ぼすのは、このような誤った価値観によって洗脳されたニセ知識人たちではなかろうか（注8）。「乱れ」については俺自身も自戒すべき失敗の体験があった。今から一二年前になるが、鼻濁音《びだくおん》について『朝日新聞』のコラムでとりあげたことがある（一九八〇年四月一四日夕刊「不連続線」）。たとえばウグイスの「グ」を、非鼻音の濁音（「学校」の**ガ**のような、音声記号の〔g〕にあたる。以下太字で表す）で「ウ**グ**イス」と発音する例がテレビのアナウンサーにもみられることを嘆き、これは鼻濁音〔ŋ〕によるウグイスが「少なくとも日本語の規範」であって、ウ**グ**イスは「汚い発音として退けられてきたはず」と書いてしまったのだ！

たちまちにして相反する二つの投書をいただいた。まず賛意のそれで驚いたことに、鼻濁音〔ŋ〕を「美しい発音」として日本語の規範とし、そのために非鼻音〔g〕を排していく運動体があることを知った。会報のようなパンフレットを発行している。もちろんこの会にとってはウ**グ**イスは「乱れた」発音である。

では批判の投書はどうか。これは非鼻音を常とする地域（西日本に多い）出身の人からの手紙だが、「ウグイス」（鼻濁音）などという発音をきくと、まるでバイドクにかかって鼻が腐り落ちそうな末期患者を連想するという。つまりこの地域の感覚ではウ**グ**イスこそ美しい日本語であって、ウグイスは汚くて「乱れた」日本語なのだ。

なるほど。発音においても（当然ながら）言語帝国主義的な誤った「標準語」価値観があり、俺自身それに犯されていたのである。このバイドク連想に衝撃をうけた俺は、同じコラムで次のような訂正文を出した（同年一二月二二日夕刊）。

このコラムに私が書いた、四月一四日付「ウグイスとウグイス」で、非鼻音の濁音【g】を「日本語の規範としては汚い発音として退けられてきた」と書きましたが、国の政策としてのこの事実に誤りはないとしても、「汚い」かどうかは趣味・慣習の主観的問題です。これに私自身同調するかのように書いた点は訂正し、「汚い発音として」を削除します。

右にさらにつけ加えるなら、これを「国の政策」とすることが大きな誤りなのだ。たしかに必要悪としての共通語（「標準語」ではない）は、意思疎通の手段として認めざるをえないだろう。それはしかし①必要最小限にとどめるべきであって、たとえば発音（例、鼻濁音）やアクセント（例、**ク**モかク**モ**か）にまで規範をつくるべきではなく、また②共通語を「高級」だとするような誤った価値観を押しつけてはならない。国語審議会の諸君よ。日本語を破壊しないよう、この二点にもくれぐれ注意されたい。

共通語にまつわる害悪は、しかしながらあまりにもひどかったため、これまでに消されてしまった「豊かな日本語」は死屍累々たるものがある。かつて朝鮮を侵略した日本は、朝鮮語を滅ぼすために「国語政策」として苛酷な言語弾圧を加えた。琉球についても似たようなことがあった。そして日本各地域の豊かな生活語に対しても、本質的には似た政策がとられた。現代においてその弾圧政策にかわるのが、NHKをはじめとするテレビ・ラジオ放送である。これが「豊かな日本語」追放の決定打となった。

あまりにもひどいこの文化破壊マスメディアに対してバランスをとるために、国語審議会やNHKに提言したい。共通語は必要悪であって、高級どころかむしろ軽蔑すべき言葉であることを日常的に教育すること。テレビ・ラジオ番組でもっと地域の生活語を「高級な日本語」としてとりあげ、たとえばニュースでも地方版はすべてその地元の日本語で放送すること。

俺も自分の文章に「豊かな日本語」のひとつたる伊那弁を今後ますますとり入れることにしよう。

総理府による「日本語に関する世論調査」にもどる。「乱れている」と考える七五％もの人々の内実は、その圧倒的多数が「日本語の乱れ」というよりも「躾《しつ》けの問題」を言っているにすぎないことを、この項の冒頭で書いた。しかし「私もまた『乱れている』とは思うものの、その内実」はそのような躾けの問題とは異なるであろうことにも触れた。では俺の考える「乱れ」とは何か。

世論調査のグラフ（次ページ）の分類でいえば、それはたとえば「新語・流行語」とか「外来語・外国語のつかい方」に属することかもしれないが、より正確には「植民地的発想による日本語破壊」ともいうべき現象である。実例で証明しよう。

新幹線で関西にゆくべく、東京駅ホームの弁当売り場へはいった。和食・洋食いろんな製品が選べるようになっている。選んだものをお盆にのせて会計係に出す。このお盆が入口に重ねてあって、横に「トレーをご利用下さい」と書かれている。

トレー。何だこれは。要するにお盆じゃないか。トレーだなんて、こんな野蛮な新造語は俺の父母にも妹にも通じないだろう。「盆」という正確・的確な日本語を追放して、他民族語（それもカンボジア語やアイヌ語やバスク語ではなくて言語帝国主義のイギリス語）にとりかえてしまった。

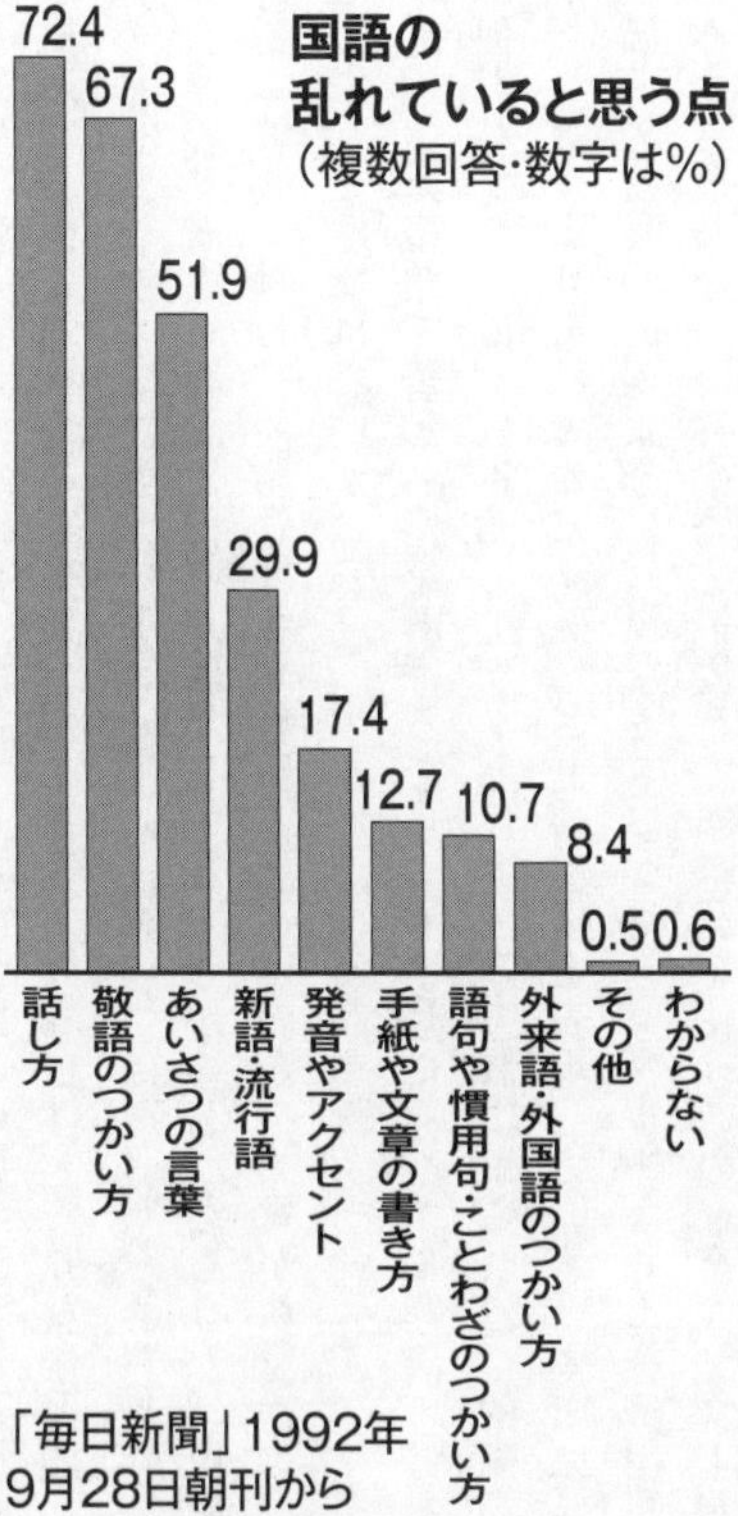

「毎日新聞」1992年
9月28日朝刊から

こういう例が実に多いのだ。的確な日本語があるのに、わざと追放して侵略者の言葉を歓迎する植民地根性・家畜人ヤプー根性・奴隷根性・誇りなき民族。だから俺はこの種の植民地言葉を「家畜語」と命名した〔注9〕。よく俺はいうのだが、敬愛する民族派右翼の諸君よ。諸君と俺と、はたしてどちらが「右」だろうか。民族文化の根幹たる言語の破壊に対して、諸君はなぜもっと怒らぬのか。諸君が右翼なら、俺は超《ウルトラ》右翼になってしまうではないか。

最近の家畜語で著しい例をあげるなら、崩壊した「バブル経済」であろう。バブルとは何だバブルとは。日本語のアブクと比べてみられよ。これは「的確な日本語」どころか、バブルよりもはるかに正確にことの性格を表現している。すでに「アブク銭」という伝統的言葉があるように、単なるアワ（泡＝バブル）よりも経済用語としてぴたりであろう。そんないい日本語を追放して家畜語を使うこの家畜人ヤプーども。それに何の思慮もなく追従・追認するだけの情報産業の記者たち。例外的非主流はいるのだろうが、もう救いようのない植民地化の進行である。

単語が家畜化しても、助詞だの語順だのといった日本語の根幹が変らなければ大丈夫という説もあるが、ラジオの歌番組ではすでにフィリピンなみにイギリス語放送を日本人が日本人向けにやっている例が出はじめているところをみれば、これも怪しくなってきた。

映画の題名には、イギリス語をそっくりそのまま、単語ではなしに「イギリス語の根幹」全部がそのまま使われるようになっている。『イヤー゠オブ゠ザ゠ドラゴン』だとか『アンダー゠ザ゠ファイア』だとか。ごく最近の例に『ダンス゠ウィズ゠ウルブズ』があるが、これなども家畜人化のいちじるしい例であろう。原作では、これは主人公ダンバー中尉にコマンチ人（コマンチ民族゠〔注10〕）がつけた名前だから、もともとコマンチ語のはずだ。翻訳の文庫本も映画にちなんで同じ題名になっているが、本文中では「狼と踊る」と訳されている。当然であろう。もし固有名詞としてそのまま使うとすれば、それはコマンチ語のままでなければならぬ。それを日本語に訳すとすれば、当然日本語「狼と踊る」でなければならない。ところが映画の題名は、原語でも日本語でもない植民地語、日本人にとっての家畜語たるイギリス語にしてしまったのだ。

だから俺は映画についての論評を書くとき、こうした家畜語は勝手に日本語題名に変更して発表してきた。『イヤー゠オブ゠ザ゠ドラゴン』は『竜の魔窟』、『ラスト゠エンペラー』は『最後の皇帝』、『プラトーン』は『第二小隊』というように。いかに作品名であろうと、映画会社の家畜人化政策にのるわけにはゆかない。

おことわりしておくが、このような俺の主張は国粋主義（排外的愛国主義゠家畜語だとショービニスムか）とは無縁である。それはこれまでに書いてきた俺の他の諸論考によって明らかであろうが、このあたりが右翼と〃超右翼〃の分岐点になるのかもしれない。

映画の題名を家畜語にしはじめたのは最近だが、他の世界ではもっと早くから家畜語化が進んでいた。自動車業界はもちろん、釣りのような日本伝統の世界があった分野でさえそうなってしまった。さらに色彩の世界のような、日本でこそ特に発達していた微妙な色名、驚くべき多彩な色名が、どんどん家畜語化してしまい、小学生のクレヨンの色さえそうなっているのを見て俺は絶句した。そんなにも日本語（日本文化）を絶滅させたいのですか。

月刊誌『潮』一九九二年一一月号で、梅棹忠夫氏（国立民族学博物館館長）は「耳で聞いて分かる日本語を創る」ことを提案しておられる。これは実は、以上までに述べてきた日本語の「乱れ」を救う対策のひとつとしても重要な作業として、俺自身も考えてきた。それは以下のような意味においてである。

官僚を含めて明治人の偉かった部分は、さまざまな外来語（オランダ語・イギリス語・フランス語・ドイツ語等）を、なんとかして日本語に訳したことである。これが民衆の平均的知識の近代化にどれほど貢献したか計りしれないものがある。だが、このとき実は現在まで禍根をひきずることになる失敗も犯した。それは、翻訳にさいして漢語に頼ったことだ。たしかに便利だったには違いない。意味を漢字にあてはめればいいのだから。日本語から中国語になった例も多い。しかしそのおかげで、日本語の中に膨大な同音異義語（ホモフォン）を創りだした。これが中国語やベトナム語などなら、四声だの六声だのによる声調の変化で区別できるが、日本語だとたとえば「公正」も「厚生」「更生」「校正」「後世」「恒星」「構成」等も区別できず、耳できいただけでは分からぬ言葉が大量生産された。

もし当時、これをヤマトコトバとか「訓」による翻訳、つまり本来の日本語に訳すことにつとめていたら、耳できいてもわかる日本語になっていただろう。そこで問題になるのが日本語の造語力だが、これを追及してゆくと、この論考の冒頭で述べたような誤った「国語の乱れ」観にぶつかることになる。豊かな日本語が、「乱れた」言葉としてどれほど虐殺され、消されてしまい、今げんに追放されつつあることだろうか。すでにお気づきのように、俺は生活語（いわゆる方言）のことを言っているのだ。

かねて主張してきたように〔注11〕、日本には「日本語」の辞書がまだない。よくある国語辞典の類は、単に「標準語辞典」にすぎず、あんなものは豊かな日本語の山からすれば何分の一だか何十分の一の貧弱な量であろう。方言辞典の類にしても、日本語として活用してゆくようにはつくられていない。

もし本来の日本語をすべて活用できたら、耳できいてわかる日本語のためにどれほど貢献することだろうか。藤原与一博士（方言学）などはそうした日本語辞書のために奮闘しておられるが〔注12〕、たとえば諸橋漢和を完成させた大修館書店のような志ある出版社は現れぬものか。「国語の乱れ」が、いかに誤った価値観に犯された結果としての批判であるかを論じてきたが、この誤れる価値観は言葉だけの問題ではないであろう。

（『サンデー毎日』一九九二年一〇月一八日・二五日・一一月一日各号）

〔注1〕ただしNHKテレビなどの悪影響で、最近はオレ・ワシ以外の卑屈語もとくに若い層に現れてきたらしい。

〔注2〕拙著『貧困なる精神・第5集』（すずさわ書店）収録の「『ワイン』や『ぼく』に鳥肌が立つ」で詳述。

〔注3〕「生活語」は藤原与一博士の提唱による。

〔注4〕東京弁は江戸弁とは異り、いわゆる標準語として人造的要素がはいっている。この「見られる」にしても、東京でも話し言葉はもともと受け身だけであって、可能は「見れる」だったという見方がある。

〔注5〕ここで伊那弁を「論理的」としたのはもちろん冗談であって、単に東京弁中心主義がひど

すぎる現実に対するバランス上の〝気配り〟にすぎない。

〔注6〕母語は自分が生まれ育った環境の言語だが、それは決して「母国語」とは限らない。たとえばイニュイ民族（エスキモー）の母語はイニュイ語だが、カナダのイニュイにとっての母国語はカナダの「標準語」としてのイギリス語（州によってはフランス語）に、不本意であってもならざるをえない。だから母語と母国語とはときに敵対関係になることもある。

〔注7〕タガログ語がフィリピン内部での一地域語にすぎない点はここでは一応別に措く。またフィリピンのこうした状況については拙著『貧困なる精神・第13集』（すずさわ書店）収録の「ライシャワー教授の『国際語』」などでも論じた。

〔注8〕森有正氏と清水幾太郎氏のこの誤りについては朝日文庫『〈新版〉日本語の作文技術』（第一章〈なぜ作文の「技術」か〉で詳述した。

〔注9〕「家畜語」は沼正三氏の『家畜人ヤプー』からの造語。拙著『貧困なる精神・第15集』（すずさわ書店）収録の「家畜人用語辞典のこころみ」で詳述した（本書収録）。

〔注10〕映画での舞台はコマンチ人ではなく、スー人に変えられている。

〔注11〕拙著『貧困なる精神・B集』（朝日新聞社）収録の「日本には日本語の辞書が存在しない」など（本書収録）。

〔注12〕拙著『貧困なる精神・第18集』（すずさわ書店）収録の「『日本語類語大辞典』の編纂を」および『貧困なる精神・B集』（朝日新聞社）収録の「真の『日本語大辞典』への一里塚たる藤原与一博士の『瀬戸内海方言辞典』」（本書収録）。

八、家畜人用語辞典のこころみ

タクシーの中でラジオのニュースをきいていると、新潟の飛行場でのちょっとした旅客機事故について報道されたあと、次のような説明がつきました。

「原因は配線関係のトラブルではないかとみられています」

これが一四年前だったら、つまり私の父が生きていたら、すぐに父は私にきいたでしょう。――「トラブルって何だ?」

実際、このイギリス語がむやみと使われるようになったのは、ほんの最近の一五年以内のことだろうと思います。「故障のことな」と私は父に答えたでしょうが、同時に「なんでトラブルなんて言い方をする必要があるのかなあ、この植民地頭の家畜人めが」ともつけ加えたでしょう。

機械の故障なら「故障」なり「狂い」なり万人にわかる日本語がすでにあるのだし、人間関係なら「イザコザ」という実にわかりやすい言葉があるのに、わざわざトラブルなどというのは、いったいどういう心理なのでしょうか。

たしかに、何か新しいものや新しい概念が外国からはいってきたときには、それにピッタリの訳語がないことがあります。それでもなるべくなら訳語を考えて、民族文化としての統語法の海の中に迎え入れる方が、とくに高年世代との心の断絶を少なくするためにも望ましいと思うのですが、このごろのムヤミヤタラなイギリス語乱用傾向は、ピッタリ以上の良い日本語があってさえ、それを捨ててイギリス語を使いたがるところまで来てしまいました。アイヌ民族はもちろん、朝鮮やベトナムのように、民族文化の象徴としての言葉を植民地体験によって危機にひんしたことのある国は、なんとかして民族の言葉を守ろうと努力します。しかしこのごろの日本ときたら、戦後の米軍占領時代よりもはるかに盛んに、自らすすんで言葉を捨て、自らすすんで植民地化への道をバク進しているのです。イザコザや故障（狂い）を捨ててトラブルにするなど、無数にある「植民地用語」（沼正三氏ふうにいえば「家畜人用語」＝略して家畜語）の一例にすぎません。

もう毎日アタマにくることばかりなので、（なにしろ私の勤める新聞社の新聞記事自体に家畜語が氾濫してアタマにきっぱなしなので）蟷螂《カマキリ》の斧《おの》とは知りつつも、ここで「家畜人用語（家畜語）」を「普通の日本語」に言いなおす作業を、半分は遊びとしていくつかやってみましょう。皆さんも周辺の言葉でこころみてみませんか。

言葉というものは、極論すれば全世界に同意異語など一つもありません。たとえば「空《そら》」という日本語に当る外国語は一つもないといえます。イギリス語の「スカイ」は、決して日本語の空と完全に同じ意味ではありません。こころみに辞書をひいてみれば、かなりのズレがあることがわかるでしょう。エスキモー語のクリラや中国の天も、日本語とはかなりのズレがあります。単に「共通部分も多い概念だ」というだけのことで、仕方なくスカイ＝そら＝クリラ＝天ということになるわけです。

もっときびしくいえば、日本語の内部でさえも、伊那谷の人の考える空と沖縄の人の考える空とでは、すでに内容が違うとさえいえます。高校を出るまで伊那谷から外へほとんど出なかった私にとっては、空の印象は両側を日本アルプスの連嶂で区切られた広い空間ですが、南海の島育ちの人にとっては全く異る心象風景ではないか。よく例に私はあげるのですが、氷はアイヌ語だと「とけるもの」を意味し、日本語だと「凍るもの」を意味します。正反対の内容でありながら、訳せば「氷」とせざるをえないのです。翻訳とは、ですからあくまで近似値にすぎません。「文」としてはもちろん、単語ひとつひとつが全部近似値であります。

ついでに申しますと、イザコザのことをエスペラントだとマルパーコといいますが、これなら家畜語とはいえないでしょう。エスペラントはある一国の言葉ではなく、人工の中立的国際語であって、ある一部の国民だけに有利という不公平さがないからです。（それでもヨーロッパ偏重ですが、そのことは一応ここでは別問題とします。）

それでは、アタマにくる家畜語を、気のつくまま以下に槍玉にあげてみましょう。今の日本にはむろん限りなくある中で、これらは全く「たまたま」拾っただけの数語にすぎませんが。

＊　＊

キャンパス　これもごく最近とくに新聞がじゃんじゃん使ってエエカッコシしたために広がったのだろう。ほとんどは「大学」で置きかえれるし、特に強調するときは「構内」とか「大学構内」で十分だ。

ただ、ここで少し余談をすれば、たとえば「構内」というような漢語（または漢語的日本語）を使うとき、必ずしもスッキリした気分になれないものがある。それは、厳密には「やまとことば」としての日本語の中へ中国語（漢語）をあまりにも入れすぎたこと、造語を漢語に頼りすぎたことによって、やまとことばの発達が阻害または停止させられた苦い歴史があるからだ。これは江戸時代までの学者が民衆の立場にいなかったことの証明だが、明治以後もヨーロッパ語からの翻訳に際してこのセンスは受けつがれ、日本語の中に尨大な同音異語ができてしまった。字を書かないとわからぬ単語が多いのだ。もしやまとことばが発展していれば、こんな不便は感じなくてすみ、言文一致ももっと自然にすすんだであろう。エスペランチストの物理学者・小西岳氏によれば、故・朝永振一郎教授（ノーベル賞物理学者）はこうした問題に常に心をくばっていたので、例の「くりこみ理論」の「くりこみ」もその結果だという。術語をイギリス語（現代の言語帝国主義）などからとればいくらでも可能だが、あえてそれをしなかったと。こうした真に保守的な態度は、いわゆる「保守派」の文学者や一部の「進歩的」文学者よりも自然科学者にむしろ目立つのはなぜだろうか。

シルバー＝シート　堀秀彦氏が朝日新聞に連載した名随筆の題は「銀の座席」（のちに同名の単行本として朝日新聞社から刊行）であった。これは「シルバー＝シート」というひどい家畜語（電車やバスで老人・身障者のすわる席のこと）にアタマにきた堀氏が皮肉ってつけたものである。堀氏は次のように書いている。

……だが、一体全体、この英語は何時、だれが言い出したものだろう？　さらにこの英語はほんものの英語なんだろうか。手持ちの『英和大辞典』（岩波版）には、さがしても見当たらなかった。これも和製英語かも知れない。何しろ外国語の好きな日本人だ。レストランで、「水を一杯！」とたのんだら、女の子は「アイス・ウオーターですね」と英訳してくれた。ばかばかしいことだと人に話したら、「全くナンセンス」だと言われた。ばかばかしい。

だから、これからの老人は、男も女も、都会人も地方人も、ある程度、外国語を知らなくちゃ、生きていけない。いや、外国語だけじゃない。日本語だって、変に難しい言葉がお役所なんかでは使われる。けさ、配達された私の居住区の広報は老人福祉の特集号らしい。まず、ボランティアという英語が目につく。読んでいくと「介護」という言葉に二度も三度もぶつかった。「緊急一時介護人」とか「家族の方の介護が十分に受けられない老人」とかいう風に。『広辞苑』を引いてみたが「介護」という字は見当たらない。かばい、まもるという意味の「回護」という字はある。どっちみち、「介護」は老人の世話をするとか面倒を見るとかいう意味だろうが、かんぐれば、「介護」とはお節介と保護を加えて二で割った造語かもしれない。

堀氏は「外国語」と言っているが、特に問題はイギリス語である。これが朝鮮語やベトナム語やバスク語だったら性格の異なるものになるだろう。イギリス語は、さきにエスペラントのところでも少し触れたが、その言語帝国主義的支配構造とからんでくるところに問題がある。

スプーン　これなども特にひどい例だろう。サジという簡潔明瞭な言葉をやめてしまって、スプーンなどという聞きとりにくい（つまり日本語音韻構造からすれば不明瞭な）ことばをとり入れたのだ。「さじ」よりも「スプーン」の方が発音しやすくて簡単ならともかく、反対に日本語としては聞くにも話すにも不明瞭になりやすい「スプーン」SUPŪNが、簡明な日本語の「さじ」を追放してしまった。何たる無思慮の奴隷頭か。食堂などで「スプーン」といわれたら、私は断固として「サジですか」と言いなおすか、あるいは「スプーンて何のことですか」とシラを切ることにしている。

こんな調子では、サジはやがて「茶サジ」といった特殊な用法に限られるように退化してしまうかもしれない。またスプーンとサジの意味が分化する傾向があるのは、次の項でふれる「細分化」問題とも関係があるのだろうか。

お正月。信州の父の実家へご年始に行った。ごちそうが並んだとき、一〇歳ほど年上の従兄が「ほい、スプーンを持っといな」と、勝手場の女衆に言った。「ああ」と、嘆息して私はあきらめたことであった。イギリス語なんかにおよそ縁のなかったはずの従兄までが、このアタマにくる単語を口にするようになってしまった。言語帝国主義によるわが祖国の植民地化も、ここまで及んだのだなあ。「グリーン車」や「ランチタイムプロムナード」や「キャンパス」とともに、こうなってゆくのかなあ。

馬鹿野郎！　くたばれ！　チクショー！……「ふざけやがってコノ野郎！」……植木等じゃありませんが、「泣ケテークール」

フォーク　これに相当する役割は本来ヨージ（あるいはクロモジ）が果していた。このクマ手みたいなものは、ハシ（箸）の文化が古い国（中国・朝鮮・日本・ベトナム）では必要のない道具だった。ヨーロッパのように、ごく最近まで手づかみで食っていた地方で、ついこの一〇〇年か二〇〇年前になって広がったものにすぎない。一六世紀に来日したポルトガル人・ルイス＝フロイスは「われわれはすべてのものを手をつかって食べる。日本人は男も女も、子供のときから二本の棒を用いて食べる」（『日欧文化比較』岡田章雄・訳）と書いている。（念のためだが、手づかみを後進とか野蛮とかいうのではない。手づかみによる手先での味も良いものだ。ハシとフォークの二者を比べるとフォークの方が後進的文化だということである。）

フォークがそのように未開な文化的背景のしろものであるとしても、日本になかったものであることには違いない。そうすると「仕方なく」フォークを日本語として認めざるをえないのだろうか。簡潔明瞭な訳語はないのか。

ここで問題になるのは、日本語にありがちな「細分化」の傾向である。たとえば「ライト」というとき、これはどうも「自動車や自転車の前照灯」の意味として日本語化しつつあるようだ。しかし本来のイギリス語としては、単にライトといえば光るもの一般であり、明るいもの一般であって、細分化した意味は前後の文脈によって決定される。（だからイギリス語の方が良いとか高級だとかいうのではない。）同様に「フォーク」は農業用のフォーク（スキ）も食事用のフォーク（肉さし）も同じなのだが、日本語で単にフォークといえば食事用だけを意味し、げんに手元の『広辞苑』（第三版）も『広辞林』もその意味だけしかなく、農業用のスキの意味など出てこない。しかし本来のフォークはもっと広い意味であって、スキ状のもの一般を指しているので、たとえば道路の分岐点とか、川の支流などでも使われる言葉なのだ。そうであれば、日本語としても食事用のときスキと訳せばいいと思うのだが、スキはすでに農業用だけの意味として確定しているので、そうはできにくいのだろうか。スプーンはサジ、フォークはスキでいいじゃないの。それにスプーンと同じく、フォークなどという発音は日本語の音韻構造になじまぬしろものだ。いなかの年寄りたちは仕方なくホークと言っている。ばかばかしい話ではないか。私の両親は小型のフォークも「ヨージ」と言っていた。

ティーム　NHKラジオの野球放送をきいていると、これも日本語化したイギリス語「チーム」のことを、いかにも知ったかぶり（これを家畜語だと「スノビズム」だの「スノッブ」だのという）で「ティーム」と発音していた。なるほどね。すでに日本語化した「チーム」ではイヤだから、もっと植民地化した「ティーム」のほうが奴隷的で、植民地日本の家畜人にふさわしいということなのだろうか。つまりチームよりもティームの方がそれだけ本物のイギリス語だというのだろう。そんなにも家畜人になりたいのなら、これは果して本当にイギリス語のティーム（team）なのかどうかを再検討してはいかがなものか。つまり発音記号で書けば〔tiːm〕と正確に発音していますか。この〔iː〕は日本語の発音での「イー」とは断じて同じではないのだが。さらにティームの「ム」も正確に〔m〕と発音しているだろうか。ム（ローマ字なら mu）と言ってはいないだろうか。

……と、これはマアむろん当てこすりにすぎないが、ともあれ妙な「知ったかぶり」で(NHKの巨大犯罪としてよくいわれるところの)日本語破壊に手を貸さないでほしい。

(『潮』一九八三年四月号)

〈付録〉わかりやすい説明文のために

——西郷竹彦氏との対話

さいごう＝たけひこ　一九二〇年鹿児島市生まれ。寺田寅彦に私淑し、東京大学応用物理学科に学ぶ。第四航空師団に配属、敗戦。俘虜として入ソ。モスクワ東洋大学日本学科で教鞭をとるかたわら、文芸・演劇・教育の研究をつづける。帰国後、木下順二らの民話の会に参加、日本文化、伝統と創造の問題にとりくむ。文芸学と文芸教育の理論と方法を、教育現場の実践と結びつけながら、その体系化をめざす。岡山県瀬戸内市牛窓町に文芸教育研究所を設立。『西郷竹彦文芸教育著作集』（明治図書出版刊・全23巻）がある。文芸教育研究協議会会長。二〇一七年六月、逝去。

◉読者をひきつける文章の工夫

西郷　本多さんは、ルポをたくさん書いておられて、わたしもその中のいくつかを拝見したんですが、新聞記者という立場もありますし、いろいろな制約もあると思いますが、ルポを書かれるとき、どういうことをいちばん考えられるのかということです。ルポルタージュにもいろいろあると思います。『カナダ＝エスキモー』みたいなルポ、『戦場の村』『アメリカ合州国』、対象も性格もちがい、目的のちがいもあって、一般的には言えないと思いますが。それに、相手の読者のちがいということもありましょうし、書かれるときの社会的な情勢がありますね、日本の社会情勢とか相手国の状況とか。さまざまにからんできて、ひとことでは言えないと思いますが、実際にペンを持ってお書きになるとき、どんな心づもりで書かれるのか。そのへんをまず伺いたいと思います。

本多　ルポができるまでに、だいたい四つくらいの段階があります。第一は企画ですね。二番目に取材がありまして、三番目に構成、四番目に執筆・発表ということです。なぜ執筆・発表を一つにするかというと、発表の媒体によって書き方がちがってくるものですから、こうなるわけですが、場合によっては構成が先にあって取材が従属することもあります。しかし、わたしの場合はそれは少なくて、たいていは取材をやってからあとで、さてこれを書くにはどういう構成でやろうかということになります。いま西郷さんがおっしゃったのは四番目の段階になるわけですから、全体の作業のなかでそれはもちろん重要だけれども、パーセンテージでいえば半分以下、三割ぐらいになりますかね、時間的なこととか重要性ということになりますと。それで「どういうことを考えるか」といいますと、まず悩むのは、どうやって読者をひきつけるかということですね。

西郷 その場合の読者は、一般的には新聞の読者ということですね。ですが、新聞の読者といっても、それこそ多様でしょう。どういうふうにお考えになりますか。

本多 読者層ですか。それは全部です。

西郷 新聞を読める階層の人なら……。

本多 小学生は別として、中学生くらいから上全部です。しかしできればもちろん小学生だって読んでほしいのですが。

西郷 読者の興味をひきつけたいという場合に、年齢とか性別とか職業によって、それぞれの興味のありようがちがうと思うのですが、それでも、ここをつけばどういう人でも共通の関心を持つのではないか、持っていなくても持つようになるのではないか、ということであるわけですか。

本多　それは共通のものがあるでしょうね。いろいろな要素がありますけれども、抽象的なものよりも具体的なものがいいとか、遠くのものより身近なものがいいとか。

西郷　身近というのは、どういうことですか。たとえば食うことというような?

本多　そうです。エスキモー〔注〕は地理的には遠いのですが、距離じゃなくて読者自身の体験に身近ということですね。

西郷　わたしらにとっては極北の風土は全く想像できませんね。そこでの生活が身近というよりは、自分とちがった生活をしているのではないかという、そういう意味での異国へのあこがれがありますね。

本多　それはありますけれども、極北とはどういう所かなという、漠然とした先入観がありますね。ところが実際はこうなんだというときに、舞台は遠い所ですが、それはある意味で身近なんですよ。なぜかというと、エスキモーという存在自体が身近なんですね。べつの例をあげると、火星人は非常に身近なんです。子どもでも知っている。

西郷　見たことはないけれど、イメージとして身近にあるということですね。

本多　そうです。ほかにも星はいろいろありますが、たとえばシリウス。シリウスもかなり知られているけれども、火星ほどではありませんね。かりにシリウス人がいるとしたら、これはあまり身近ではないわけです。同じことを書くなら、火星人のほうが身近なことになる。どちらも重要性は同じだし、本質は同じようにおもしろいと思うんですよ。だけど火星人のほうが、より関心を持たれる。

西郷　そういう意味で身近とおっしゃったんですね。

本多　それがひとつです。しかし食うことも含めて、生活がどうなっているのかもまた身近なことですね。だけど身近でないことは、同じエスキモーにしても、全く想像できないことがあるわけです、日本人にとっては。一例をあげますと、エスキモーの宗教ということがありますが、これは平均的日本人にはあまり身近でないことでしょう。

西郷　一般の読者にとっては、ですね。

本多　そうです。だから「重要だけれども身近でないこと」は最初にはもってこない。構成上あとにもってくるということをやります。

西郷　本多さん自身がエスキモーに関心があり、エスキモーの宗教なら宗教に興味があって、そこから出発されるのか……。もちろんジャーナリストですし、ある新聞の記者ということになりますと、自分の関心とは結びつかないところもあるでしょうが、いまのお話の例で、一般の日本人にとってシリウスは興味がないけれども火星なら身近である。だから火星を題材として選んで、火星人はいるかというふうに切り込んでいくということですね。そのときに、火星そのものを本多さんは問題にしたいのか、それとも、火星をとらえることで、たとえば星とはなんぞやというふうに……。それはシリウスでもいいけれども、シリウスは読者にとって身近ではないからと。

本多　かりに宇宙人を探検に行く場合に、どこを選ぶかというと、火星人もシリウス人も同じ比重であれば、対象として火星人を選ぶということです。

西郷　それは読者が興味関心を持つだろうという意味合いでですね。そこに本多さんの探ろうとする問題の本質が典型的に出ているから、ということではなくて？

本多　重要性としては両方が同じ場合のことです。いくら火星人が身近であっても、シリウス人のほうが重要だということになれば、シリウスを選びます。

西郷　なるほど。極限状況を生きる人間をとらえたい。これは読者にもおそらく興味があるであろうと。そういうところから企画されたとしますね。そのときにエスキモーが選ばれ、ニューギニア高地人が選ばれ、選ぶ段階に、すでに執筆の問題があるわけですね。

本多　そうです。四段階の内の企画の段階で、その問題がはいってくるわけですね。あの時の裏ばなしを言えば、わたしは最初ニューギニアをやろうとしたんですよ。

西郷　それは、ご自分に興味があってですか。

本多 ええ。二番目の候補がエスキモーだったんです。私はそのころ社会部にいたんですが、社会部長がエスキモーを先にしろと言ったんです。

西郷 その理由はどういうことだったんでしょう。

本多 エスキモーのほうが一般の関心が深いというわけです。ニューギニアは関心の度合が薄い。内容からいえば、ニューギニアのほうがおもしろいとわたしは見たんですがね。しかし、その時の社会部長の判断は正しかったと思いますね。これはしかし企画の段階での「身近な」問題です。狭い意味での文章を書くとき、つまり執筆段階での身近といったら、もっと小さな問題になってきますね。飯のことも含めて。

西郷 わたしはジャーナリズムの世界で仕事をしていないので、よくわからないのですが、わたしの場合ですと、自分の興味があって、その興味のあるところを見ますね。これは当然のことだと思うんですが。本多さんの場合は、取材のときに読者の目で見るわけですか。それとも自分が見たいところを見る。それはつまり人間普遍の興味として、読者もおもしろがるのではないかと。

本多 それはそうですが、それ以前に、まずそれ（自分の見たい所を見る）しかできないんですよ。自分が関心を持たないことについて調べることは、かなり苦痛でもあるし……。軽いことならできますよ。たとえば学者に調査を頼まれた、と。仮にロールシャッハ＝テストをやっている人から、ついでにやってくれと頼まれた。これはやればできますよ。しかし、非常に浅いと思いますね。浅くはできるだろうけれども、深くは、自分の知らないことはできない。ある意味では書かれたものはすべて自分の反映でもありますから、あらゆる読者がいるからといって、すべての読者の目で取材することは不可能だと思います。物理的にできない。ですから、必然的に自分の反映としての取材をやって、書くときには、それをいかに多数に読ませるかという、技術的な問題になります。

西郷　こういうことはありますか。本多さん自身が個人的に興味を持つ問題が、エスキモーに行ってもニューギニアに行ってもあると思うんです。そういう観点から対象を見ていくことになりますね。それは、ある意味では、本多さん個人の興味ということですけれども、読者のほうは、そういう興味がそれまでなかったけれども、本多さんのルポを読むことで、新たな興味をひきおこされるという問題があるように思うんですよ。わたし自身、本多さんの『極限の民族』三部作を、非常な興味を持って読んだわけです。最初に読むときは、自分の期待する何かを求めて読むわけですが、自分が全然予期しなかったことがどんどん出てきて、そこに新しい興味を持たされたという感じがあるわけですね。その辺のところは、書かれたほうの立場としてはどういうふうに考えていらっしゃいますか。自分がおもしろかったから、たぶん読者もおもしろいのではないかという考え方ですか。

本多　それは、西郷さんの『文芸教育著作集』の九巻に書かれている「虚構の部分と伝達の部分」の問題になるんでしょうが、私の場合基本的には伝達ということですね。自分がおもしろかったと思ったところを、読者も同じようにおもしろく感じるにはどうしたらいいか。そこを正確に伝えるには、どう書けばよいかということですね。いくら「おもしろかった」と書いてもだめですからね（笑い）。

西郷　「うまかった」と書いても、読者は食ってないわけですものね。

本多　よく私は例にあげるんですが、たいへん美しい風景があったとして、それを文章で伝えようと思っても、「きれいだ」といくら書いても伝わらない。風景自身が「わたしはきれいだ」と叫んでいないわけだから、自分が風景を見たときに「感じたこと」ではなくて、風景が「感じさせた材料」をそのまま書く以外ない。大抵のことはそうだと思うんですよ。

西郷　「筆舌に尽し難し」なんていいますが、これではルポになりませんね。

本多　だめですね。

西郷　そこの工夫をお聞きしたいですね。小・中・高の作文指導でも、いまおっしゃったようなことを原則にするわけです。自分の経験、たとえばくやしかったことを作文に書くときに、いくら「くやしかった」ということばを並べても、読者には、どういうふうにくやしかったのか、なぜくやしかったのかがわからない。だからそこを具体的にくわしく書けというわけです。そこで書き直しということをさせるんですが、どういう書き直しをさせるかというと、その時の様子を細かく思い出して書かせるわけです。そこで指導のうえでも間違いを起こすことがある。多くの場合、残念ながら子どもの文章が勢いを失ってしまう。子どもの作文ですから、質がちがいますが、小・中の生徒が、かなしかったこととか、くやしかったこととか、舌たらずな文章で書きます。しかしそれを読んだとき、ある感動が伝わる。しかし様子がよくわからない。もう少しくわしく書けということで、けんかの相手の様子とか、こちらがそこでどうしたとか書かせるわけです。そうすると様子はよくわかるけれども、そのくやしさがこちらに乗り移ってこない。

本多 ありそうなことですね。

西郷 そういう例が多いのですが、そうならないようにというのが、われわれのぶつかっている問題なんです。今おっしゃったことは原則だと思うのですが、子どもの息づかいとか、筆のいきおいとか、テンポが失われてしまう。

本多　全然ちがった例で言いますと、わたしはときどきやるんですが、注をつけるわけです。新聞記事の連載の一回分がありますね。その中で、必要ならば注をやります。

西郷　割注ですか。

本多　割注ではなくて、本文とはなしてです。新聞だと片すみにつめて。もしそれを中に入れてしまいますと、本文の流れが変わってしまうわけです。子どもは、それにあたることをやるんじゃありませんか。くわしくしようと、注でやるべきことを本文中でやってしまう。可能ならなるべく注でなくて本文の中で読まれる方がいいのですが、子どもですからそれだけの技術がなくて、言われた部分だけ独立に考えて、その一点だけ一所懸命にくわしくやろうと思って、注でやるように書いてしまう。そうすると、本文の流れに異質なものがはさまれていく可能性がありますね。

西郷　なるほど。テンポというか、リズムがありますね。それが失われる心配もあるわけでしょうね。お話を伺っていて、おもしろいことを考えたんですが、作文指導ではこれまで注ということをやりませんでした。やらないということは、やってはいけないというわけではなくて、今までやらなかっただけですが。ですけど、注をつける作文指導も必要ですね。いま言われて気がついたんですが。

本多　注をきらう人がいましてね。新聞記事では普通はないんですよ。わたしの記事にかなり特徴的なものです。

西郷 それは「邪道」でしょうか、文章道としては。

本多 邪道とはいえなくても、新聞では非常に少ないことですね。論文では、ごくあたりまえですが、ルポでは割合少ない。少ないけれども、自分がやっていると、どうしてもつけざるをえないことがあるんです。これはぜひ説明したいと思うけれども、本文の中でこんなことを書いていると、読者をいかにひきつけるかということとぶつかってしまう。しようがないから、次善の策として注をやる。

西郷 ルポの場合、写真とか絵とか図とか表とか、そういうものを前提としてお考えになりますか、文章を書かれるときに。

本多 それは前提としては考えません。あくまで結果であって。

西郷 文章そのもので伝えるということですか。

本多 それを原則にしています。しかし、図があると伝達のうえでは正確に伝わるから、重視します。これは文芸作品とちがうと思いますね。文芸作品はわざと図を書かないことがありますでしょう。それはしません。なるべく正確に伝わるようにということで。

西郷 ときには、絵より写真を使おうということを前提とした、そういう書き方もあるわけでしょう？

本多　ときにはあります。それは取材の結果ですけれども。しかし図や写真はなるべく独立させて併用するので、仮に削除しても文章が不自然になることはありません。原則は文章ですが、なんとか誤解を少なくするための補助手段として使おうという姿勢です。

西郷　それと、視覚的に伝達することが有利な場合もあるでしょうし。

本多　写真がまさにそうですね。

西郷　本多さんのルポを読ませていただいて、まず文章表現のうえでおもしろいと思うのは、題名とか小見出しが非常におもしろいですね。あれは相当工夫されるでしょうね。

本多　小見出しもですが、いちばん苦労するのは全体のタイトルです。

西郷　単行本の場合の書名ですね。

本多　単行本や連載（新聞）です。たとえばどうということのない単純な名前ですが、『カナダ＝エスキモー』も、さんざん考えてきめたんですよ。いろいろ背景があってきめるんです。カナダ＝エスキモーというエスキモーがあるわけではない。厳密にいうとおかしなことなんですけれどもね。エスキモーという全体の民族はあるんですが、その次にはサブ＝カルチャーというかトライブというか、いくつかのグループがある。この場合は「イグルーリック＝エスキモー」です。しかしそれをタイトルにするわけにいきません。なぜ「カナダ」が出てきたかというと、これは単に国籍ですが、エスキモーはアラスカとカナダと両方にいるわけです。（ソ連にもいる。）日本では、エスキモーがいる場所としてアラスカが有名ですね。エスキモーといえば、すぐアラスカというふうに。ところが事実は、アラスカのエスキモーは半文明化していて、ほとんど「アメリカ人」になっている。カナダは、昔からの伝統的な生活をしている層がかなり多かった。それで、カナダのエスキモーなんだという意味で、『カナダ＝エスキモー』になった。「カナダのエスキモー」では、ちょっとタイトルとしてまずい。

西郷　薬の商品名をつけるようなものですね。

本多　これにきまるまでに、「極北のナントカ」とか、いろいろだったんですよ。最後のぎりぎりになって、連載が迫ってからきめたんです。

西郷　ズバリわかりますね、ああカナダのエスキモーなんだと。これがいちばん初めのころのお仕事ですね、ぼくらが新聞の連載とか本の形で拝見できたのは。ところでこの三部作ともいえるものが、全部人間が題名になっていますね、『高地人』とか『遊牧民』とか。『エスキモー』もそうですね。このあとになると、『戦場の村』とか『北ベトナム』とか『中国の旅』とか『アメリカ合州国』など題名が変わっていますね。ぼくはそのへんがおもしろいなという気がするんです。後者は人間ではない題名ですね。もちろん人間がそこには描かれているんですが。

本多　そういえばそうですね、無意識にやっていましたが。結局は内容の反映だと思います。

◉底辺からの視点

西郷　『戦場の村』とか『北ベトナム』というふうになってきますね。

本多　『中国の旅』なんてね。それは内容が反映して、そうなったんでしょう。『エスキモー』とか『ニューギニア』の場合は、一つの民族がどういうことをやっているかという、生活とか考え方が目的ですが、『戦場の村』とか『中国の旅』は状況のルポなのです。もちろん現われているのは人間ですが。社会状況のルポだから、『戦場の村』にしてもベトナム人が主人公だけれども、描こうとしている目的は、人類学的なものではなくて、侵略とはどういうものかということになるものですから、状況とか社会的関係を探ることになって、そうなったんでしょうね。

西郷　『極限の民族』三部作の時期から見ると、本多さんのペンの活躍の舞台が変ってきているなという感じですね。

本多　対象が変りましたから。取材の仕方とか文章はあまり変りませんけれども。

西郷　大きな意味でいえばジャーナリズムの目的とか、そういうところは変ってきているのでしょうが、本多さんが人間そのものに密着していくというか、具体的にいえば一つの家族にはいりこんで、内側から一つの世界を見ていく、それは一貫していますね。これは、以前からそういう考え方があって、そのような発想になっていかれたんですか。

本多　さきほどの、読者の興味をいかにひきつけるかということとも関係しますが、抽象的なことよりは具体的なことがいいと。その具体的なということは、うんと具体的なことですからね。「農村の人はこう考える」というよりは、「××村の太郎さん」という人について、それを中心に説明したほうが具体的ですから、一般論よりは。よく動物生態学の世界で個体識別ということをやりますが、それと同じように、個体識別をしたほうが具体的にわかってきます。

西郷　それは、本多さんが若いころ勉強された文化人類学的な方法としてあるわけですか。

本多　それからの応用というものは、ある程度はあります。ただ、文化人類学はオーソドックスな教育を受けたわけではなくて、勝手に興味をもって、それこそ自己流にしかもわずかにかじっただけです。しかし明らかに影響はあります、文化人類学と動物生態学は。

西郷　その場合、本多さんがどういう人間に密着するかという問題が出てきますね。『極限の民族』の場合には、読ませていただいてわかったんですが、支配される人間と支配する人間という構造があまりないですね。

本多　まだ原始社会ですから。もっとも遊牧民は少し違うかもしれませんが。

西郷　そこでは、はっきりとした形では出てきていないけれども、『アメリカ合州国』のルポの場合、まさに合州国をとらえておられると思うのですが、その底辺の、たとえば黒人に肌を接して、そういうアングルから、そういう視点から、アメリカ合州国の本質を見ていくという、そこのところですね。アメリカ合州国をとらえるにはいろいろな視点がありますし、人間に密着するといっても、いろいろあると思うんですね。

本多　巨大財閥の社長や総理に密着するのも密着ですね。

西郷　社長のほうからは真実が見えてこないのか、一労働者に密着したときに真実が見えてくるのか。そこらをもう少しお聞きしたいんです。ぼくはこれを視点の問題といっていいと思うんですけど、視点の取り方・置き方で、本多さんに一つの特徴があるなということを、ぼくは一貫して感じるわけです。

本多　文章論よりずっと前の、取材の段階のことになりますが、その場合二つの意味があると思うのです。一つは階級という問題から考えた場合に、どっちの側から見るのかということが当然ありますね。つまり、私は立場のない立場というものはないという考え方ですから、どんなものを書くにも立場はある。どの立場から見るかというと、支配者の体制側の立場から取材するのか、それとも反対側から取材するのかということがありますね。そういう意味からいうと、反対側だとわたしは言いますけれども、しかし、もう一つのより重要な問題として、さっき言った取材の方法、つまり「より具体的なもの」とか、さらにルポの重要な要素として「より正確な」ということがあります。具体的にあるいは正確な取材をしようと思いますと、そうせざるをえないんですね。なぜかと言いますと、社会の構造は、当然底辺から成り立っているわけです。あらゆる社会というのは底辺にいる人間から成り立っている。テッペンでは成立しない。

西郷　ピラミッド型になっていますね。

本多　そうですね。ということは、その社会を知ろうと思ったら、そこを見ないかぎりは……。ピラミッドのてっぺんはもちろんですが、中間を見ても、中間はどこから成立しているかというと、そのまた下から成立している。そうすると下を見ないかぎり、当然のことながら上は全部不正確になってくる。だから下を見るのがいちばん正確だということが言えると思うのです。今までの実際の例で経験しているんですが、いくら中間をくわしく取材しても、取材結果の判断が間違うことがあるんです。底辺をくわしく取材すると、結果が間違わないんですね。

西郷　それは、客観的な社会の構造がそうなっているからということでしょうか。

本多　そうでしょうね。それが同時に具体性にもなるわけで、したがって「おもしろい」ということにもなると思うのですが、それ以上にやはり正確だということがありま す。

西郷　もう一つは、本多さんがお考えになる読者大衆が、底辺に生きている人たちという共通性がありませんか。読者はピラミッドの上から下までいるでしょうが。

本多　かなり広いでしょうね。それからトップにいるだれか、たとえば田中角栄を描く場合に、これをとりあげないというわけではなくて、とりあげるんだけれども、どこから描くかということになります。ベトナム戦争の取材も、底辺からやっていったわけですね。底辺といっても、あの場合は政府側と解放区側の双方の底辺があります。解放区側には最後に行った。これはあの年（一九六七年）の秋に取材したんですが、年末になったら、米軍司令官のウエストモーランドが、戦争は大勝利で終る、クリスマスがもうすぐだけれども、諸君はじきに国へ帰れるという大演説をやっているわけです。

西郷　本気で言っているんですね。

本多　本気で。いろいろなかれらの側の状況から判断して言っているわけですよ。サイゴンには日本大使館もあったんですが、その大使も同じことを言っているわけです。「ベトコンはもうじき終りだ、追いつめられて消えるところまでいっている」と。わたしは解放区を見てきたばかりですから、なんでそういうことが言えるのか、どうしてもわからなかった。

西郷　彼らは膨大な資料を持っていると思うのですが、自分たちの情報網から判断しての結論ですね。

本多　そうです。大使館もオフレコで新聞記者に話すわけですが、ともかく圧倒的多数意見なわけです。サイゴンにいる多くのジャーナリストもそう言っているし。こっちはまったく少数ですから、あまり言われると、「こっちが間違っているのかな」と少し不安になるほどでした。記事はもちろん取材結果から書くわけですから、そのまま正確に書くわけですが。ところが解放戦線の連載が終って一カ月たつと、例のテト攻勢でアメリカが大打撃をうけて、それ以来守勢に立つようになる。結局こちらが正しかったということになるんです。それは、底辺からやっていったから正確だったと思うのです。

西郷　上からの情報は膨大にあっても、正しい情報は少ないということですね。

本多　みんな自分に都合のいい間接情報なんです。

西郷　そういう構造が対象のなかにあるわけですね。

本多　しかも底辺のほうが具体的で直接的でおもしろいから、これがいちばんいいというわけです。俗な意味でも。

西郷　読者の側からいっても、わかりよくておもしろいということでしょうね。

本多　そうです。

西郷　それが、なぜそこから書くかという一つの理由ですね。

本多　大きな理由です。

西郷　よく、なぜ本多さんは一方的な取材だけをするのか、ということが出ますでしょう? ベトナムの場合は戦線のこちらとあちらの両方取材されたけれども、『アメリカ合州国』の場合には一方の側だと。それに対する答えは、より正しい情報をつかむためだということになるわけですね。

本多　アメリカでは黒人とかインディアンを取材していまして、なぜ白人を取材しないのかというんですが、それはルポの冒頭に（文庫版では「あとがき」に）書いているわけです。今まで延々と白人の視点でのルポが溢れているではないかと。それでは黒人はどうなんだ。今までの全体に対するもう一方の側として書いているわけですね。今までに延々と出されてきたものを、なぜわたしがもういっぺんやる必要があるのか。最初から「もうひとつの側面」としてやっているんだから、そのなかにまた白人の側を入れたらどうなるかということですね。論理的に馬鹿げたことだ。中国の場合もそうですが、中国に対する戦争の場合の報道は、過去全部日本の側からばかりの報道ですね。それは日清戦争以来一〇〇年近くやっている、戦後も含めて。情報が一方的だった、だからおれはアンチテーゼとして、むこうの側から聞いてみようとするわけです。そのときに、また日本の側をくっつける必要がどうしてあるのかということです。

◉取材から発表へ

西郷　執筆という問題は取材と不可分にかかわってくると思うのですが、そういうふうにして取材されたものを文章化するとき、そこの問題にもどってお聞きしたいんですが。

本多　四段階のうち三番目の「構成」を、なぜここに大きく一段階つけたかというと、そこに非常に重要な問題があるんですね。執筆はことばそのものの問題になりますが、その前に何の問題から書きはじめるかという、順序の問題として……。

西郷　書きはじめとか書きおわりとか？

本多　全体の配分というか、わたしとしてはそれにかなり力を入れるんです。読者に最後まで読んでもらうためにはどうすればよいかと。読んでくれないと話にならないわけです。読まれないのは無人島で出版しているようなものですから（笑い）、読んでもらうためにはどうすればよいかということで、構成に力を入れる。最初にどれをもってきて、どこに何を入れて、最後にどうしようということで。

西郷　ちょっと口をはさみますが、ルポというのは、行動しつつ（取材しつつ）書いて新聞に載るということですが、そこの時間的な関係はどうなっているんですか。ある時期取材を続けて、一段落ついたところでルポされるわけですか。

本多　場合によります。エスキモーとかニューギニアは、全部終ってから書きます。第一、原稿を送ることが物理的に不可能ですから。エスキモーの場合、もし物理的に可能であっても、全部終ってからやったほうがいいと思います。『戦場の村』の場合ですと、いろいろな状況がありますから、新聞に中間的に出していく要請もありますけれども、何をルポしようかというねらいは最初から定めているわけですよ。なぜかというと、わたしがベトナムに行った時は、べつに世界で初めて行ったわけではなくて、それまでにたくさんのジャーナリストが行っていますし、戦争もかなり進んでいて、あの時は米軍が五〇万を超えて最大に達した時です。それまでのたくさんな報道で欠けているものは何か。それを探ったのが、あのルポで最初にやった一般の民衆ですね。一般の民衆が何をやっているかわからない。次に解放区のことがわからない。それから最前線のこと。最前線はカメラマンはよく行くんです。行かないと写真が撮れませんから、鉄砲玉が飛んでくる所まで行くんですが、記者はあまり行かないんですね。最前線の基地までは行くんですよ。大砲の音はしますからね、基地へ行けば（笑い）。もっと最前線、歩兵が自動小銃を持って行く最前線までは一般に記者は行きたがらないんです。危険ですからね。この三つが欠けていると思ってやった。最前線がなぜ重要かというと、ほんとうにベトナム人の民衆と兵隊が接する瞬間はそこしかない。基地ではだめです。最前線で米兵が何をやっているかは、鉄砲持って行く所に自分もいないと、民衆が何されているかわからない。カメラマンの撮った写真を見て、ここに行ったら実にいい記事が書けると思った。そんなわけで最初から以上の三つをねらって行ったわけです。その意味では、『戦場の村』では構成がはじめからできていたわけですね。だけど細かいことは取材のあとです。何回も従軍していろいろな現場を見て、連載の順序はあとで考えます。大きな構成は最初にあって、小さな構成はあとということですね。

西郷　そこで書き出しですが、一章一章の書き出しと全編の書き出しがありますけれども、まず全編の書き出しですね。

本多　これがいちばん苦労しますね。単行本ですと、買う人は読もうと思って買うわけですから、最初は多少退屈でも、読もうという姿勢でいてくれます。しかし新聞は、読もうという姿勢はないでしょう（笑い）。ちょっと気をひかれた時に読む程度ですからね。ちょっと気をひかれたら、どうやって抱え込むかが重要ですから、より多数の目をひきつけるにはどうしたらいいかということで、連載の第一回は苦労するんです。

西郷　題材の問題もあるでしょうが、そこのご苦労をお聞かせいただきたいんですがね。「苦労した」というだけではわかりませんので（笑い）、どんなふうに苦労されたかを。

本多　エスキモーの例で申しますと、くどくどしたらだめだということです。日本を出発して極北に行くのに、いちいち途中の説明をしていたらだめなんです。すぐに現場にはいるということですね。最大限の省略、わかるかぎりはいらないことをやめて、いきなり核心に最初からはいる。核心というとまずいかな。いきなり興味のある部分ですね。核心というと、こちらが訴えたい中心ということになりますから、それはあとでもいいのです。最も関心の度合の強い部分に、いきなり最初からはいってしまう。技術的にそうするということですね。

西郷　ある意味では短編の発想と似ていますね、小説を書くときの。

本多　おそらくそうでしょうね。オヤッと思わせる瞬間。よく映画で、いきなりアッ

プから出るのがあるでしょう、全体の状況からはいっていくのではなくて。手の先だけ

があって、それからパッと全体にいくという。手先だけではなんのことかわからないけ

れども、なんだろうと瞬間思わせますね。いつまでも手先だけやっていたらバカバカし

くなって見るのをやめてしまいますが、瞬間の「アレ？」と思わせる効果はあります。

しかし、そんなものは瞬間でないといけないわけで、そのあとすぐに非常に興味のある

内容そのものを見せる。内容そのものの前に、瞬間ひきつける何かがほしい。そういう

順序になると思いますね。

『日本語の作文技術』の中で実例をあげたものですが、疋田桂一郎という記者の、青森県についての記事があります。版画家の棟方志功について説明するのが記事の目的なんですよ。だけど、それはあとのほうに出てくる。最初に出てくるのは、「どサ」「ゆサ」ということばです。「どこへ行くんですか」「お風呂へ行くんですよ」という会話をすれちがいに交わす。それが「どサ」「ゆサ」で終ってしまうというんですね（笑い）。それほど簡潔に会話が成立している、と。東北の特徴として、そういう話をもってくるんで

すが、これは棟方とは直接関係はないんですね。だけど、「どサ」「ゆサ」っておもしろいことばだなとひきつけておいて、その先にネブタ祭りの話が出てくる。それからやっと棟方のことが出てくる。これも、ひきつけるための非常に計算された方法だと思いますね。そういう方法をとるわけです。

西郷　本多さんは、小説とかルポとか読んでいてこれはおもしろいなとか、書き出しの参考になるということが、ふだんにありますか。

本多　ありますね。ただ、単行本はちがいます。単行本はそんなにあせらないでもできるんです。新聞はそれがものすごくきびしいと思います。

西郷　新聞の場合には、全体の書き出しもですが、その都度その都度の書き出しがつねに問題になるでしょう。新聞の読者は、途中から読む人もありますから。

本多　最初の一回だけでなくて、少なくとも五回、長い連載ですと一〇回ぐらいまでは、全力でひきつける方法をとらないとまずい。ある程度読者がついてしまうと、それからはかなり油断してもいいんですよ（笑い）。

西郷　油断というより、一般的な興味でなくてもいいと……。

本多　本来自分の言いたいことが、そこから出てくるわけです（笑い）。もう大丈夫だろうということで。

西郷　ぼくが子どもの時分、冬休みともなりますと見世物小屋がかかったものです。昔のことですから、五〇銭銀貨一枚もらって出かけるわけですよ。いろいろな見世物小屋やら食べ物の店があって、五〇銭をどこに使おうかと思ってにぎりしめて行く時に、どこそこの山中で人間とヒヒの間にできた子だというような呼び込みがある。思わずつられてはいりますね。実はなにやらあやしげなものですが、「お代は見てのおかえり」で放り出される。あれはインチキですが、ちょうどああいうふうな役割が、タイトルとか書き出しにありましょうね。読む気がなくても、ふと読みだして、読みだしたらおもしろくて、そこに興味を感じてというふうに。

本多　新聞は極端ですが、それは学術論文でも本来は同じだと思います。

西郷　学術論文の読者は読者で、テーマについての関心はあるわけですが、〝だから読むべきだ〟という形で書かれている文章が多いですね。

本多　学者だって、なんのために論文を書いているかといえば、人に読まれたいと思って書いているわけですからね。人に読ませたくないと思って書いている人はないでしょう。それなら書かなければよいので。書く以上は読ませるように工夫すべきですね。

◉説得の論法を身につける

西郷　外国の例はあまりよく知りませんが、日本の国語教育のなかで、作文指導、その作文指導の背後には、説明文の読解指導とか物語文の読解指導ということがあるわけですが、そのなかに一本欠けていることがあるのです。

それは何かというと、表現というものは相手あっての表現だというあたりまえのことが欠けているんですね。作文でも、鈴木三重吉時代から、見たこと・聞いたこと・思ったことをありのままにくわしく書く、といわれてきた。これも大事なことですが、その伝統だけがずっとつづいているわけです。ですから題名にしても、何を書いたかという内容を表わす題名をつける観点しかないんですよ。題名によって読者をひきつけるという、もう一つの観点ですね。書き出しから、読者がはいりこんでくれるような書き出しの工夫がない、表現というものは本来そういうことであって、何を言いたいかだけでなくて、どう読者をひき入れるかという、両方の役割を表現は兼ねていなければならない。そこが欠けているわけです。

本多　それは完全に欠けていますね。わたしは初等教育の分野は暗いのですが、特に最近ひどくありませんか、小学校の作文指導が。わたし自身の体験では、少なくとも読書感想文というものは作文にはいってなかったはずですが、今の子どもを見ていると、本来われわれの考えていた作文（つづり方）はあまりなくて、本を読んで感想を書かせていますね。あれは作文というよりも、この子は何を理解したかを先生が知るために、テストをやっているようなものですよ。テストとして先生が調べるにはいいかもしれないけれども、読んだ子どもが、いかにして相手にというような、今おっしゃった観点は全く抜けてしまうと思いますね。

西郷　文部省の指導要領というのがありますね。これが公教育の基本になっているわけですが、ここですでに欠けているわけです。それから、民間の国語教育の研究団体——わたしどもの文芸研もその一つですが、民間の側の国語教育の歴史のなかにも、やはりそこが抜けているわけです。それをわたしは、表現というのは相手あっての表現であるということを、まずはっきりさせるということでやっているんです。これはあたりまえのことですが、あたりまえのことがちゃんと据えられていないのです。

たとえば、説明文が教材としてあります。説明文は何かを説明してある文章です。それをどういうふうに授業するかというと、正しく読むこと、つまり読解です。字引きを引きながら、段落に分けて、ここの段落ではどういうことが書いてあるか、次はどうか、全体で筆者が言いたいことは何かということを正しく読みとる。これで終りなんです。それに対してわたしは、説明文というものは本来読めばわかるものでなければいけない。説明というのは、筆者がわかるように説明しているはずですから。ところが今までの学校教育のなかで使われている教科書の説明文は、五年生の子どもが五年生の国語の教科書の説明文を読んでわからないのです。まず難語句がいっぱい出てくる。ですから、指導の最初に難語句しらべというのがあるんです。字引きを引かなければ読めない文章が出てくるわけですね。そういう文章でことばを教えたりするのだというたてまえなのです。ところが一方では、わかるように書けと、子どもには言うわけです。ところが教科書に載っている説明文は、字引きを引きながらでなければわからないような、そして、ここところがどういうつながりになっているか、一所懸命に考えなければつかみにくい文章なんですね。これは悪文だと言うんですよ、わたしは。

本多　悪文ですね。

西郷　どんないいことが書いてあっても、五年生の子ども（読者）にとって、説明をしなければわからない説明文は悪文だ。そういう悪文を教材にすることに、まず間違いがあるのではないかと思いますね。五年生の子どもが読んでおもしろくて、なるほどとわかるもの、極端にいえば一回読んで。そういうものを教材として載せろと言うんですが、そうすると、授業することがないと言うんですよ。

本多 なぜこんなにわかるのか、それを授業すればいいでしょうに。

西郷 そうなんですよ。そのとおりなんです。同じことを言ってくださって、うれしくなりますね。

本多 文部省がそれを教えないことはわかりますよ。そんなことを教えてはまずいんですね。政府のいうことをハイハイと言って理解することが重要であって、自分が積極的な説をなしては、支配者としては困る。だから文部省が教えないということはわかりますが、民間の研究団体がそれでは困りますね。

西郷 それが残念ながら、自主教材として自分たちが選んだ教材でも、説明文なるものはまずそれです。それでちからをつけるのだという考え方です。わたしは逆で、五年生なら五年生の平均的なちからで読んでわかる、おもしろい、なるほどとうなずける、そういうものでなければならない。読んで、子どものものの見方・考え方が少しでも深まるなり変わるなりする内容ですね。あとは何をやるかというと、この筆者のものの見方・考え方、自分たちがふだん見ていても気がつかないものを、どういうアングルから、どういう観点から見ているか。この、ものの見方・考え方を学ぶ。もう一つは、なぜこの文章はこんなにわかりがいいかと。そこには筆者の工夫があるにちがいない。

本多　必ずありますね。

西郷　なぜこんなにおもしろいか。おもしろさにはいろいろありますが、ここにも筆者のなみなみならぬ工夫があるはずだ。それはただみてもわからないから、ちゃんと考えてとらえる。学ぶ。

本多　それがほんとうの技術ですね。

西郷　そうです。それが説明文指導ということになるのではないかと言うんですが、そうなっていません。本誌にシンポジウムがあるんですが、お送りしますから見てください。わたしがそういう提案をしたんですが、国語教育専門の人間でも、まるっきり反対の人がいるんです。説明文の専門家でもある人ですが、反対するんですよ。

本多　どういう理由で？

西郷　まあ読んでみてください。ちょっと考えられないでしょう？

本多　文部省的視点からいえば、そんなことをされては困るのでしょうが、それ以前に現場の先生たちが、まずそういう教育を受けていないということはどうでしょう。そうすると、コトはたいへんむずかしくなってくるんですよ。ものすごく優秀な先生でないとできないんじゃありませんか。先生自身がそういうことを教育されていないから、教えられないということはありませんか。

西郷 そうです。わたしは教科書の編集にタッチしておりますが、根本的に改革しようとするんですが、なかなか大変なんですよ。

本多 先生の先生がいりますね。

西郷 ええ。そういう教科書を作るとすると、先生が勉強しなければならなくなります。自分がわかったことをそのままやればよかったものが、教科書が根本的に変わってくれば、先生自身が勉強しなければいけないでしょう。今までは、五年生が読む説明文は先生にはわかったわけです。それはそうでしょう、五年生にはむずかしくても。ですから、教室に行ってから授業ができた。ところが五年生がサッと読んでわかる教材となると、筆者の工夫というようなことは、教師も勉強しなければならないですね。でもそれでいいではないか。教師は一方的に教えるのではなくて共に学べと。

本多 最近の先生は忙しいというけれども、そういう勉強ではなくて、べつのことで忙しいんでしょう? 文部省の政策で。

西郷 一所懸命やっている先生もおられますが、ごく一部ですね。大部分は嘆かわしい状態です。わたし自身は、本多さんにもっと何かのことでいろいろお聞きしたいのですが、雑誌の編集の立場から、説得の論法といいますか、ルポの筆者としてのそこをお聞きしたいのは、そういう事情があってのことなんです。

◉虚構の作文指導を

西郷　書き出しのことはさて置きまして、いくつかの事実がありますね。たとえばABCとあって、AとBをそこに取るか、AとCを取るか、BとCを取るか。あるいは、同じAとBを取るにしても、どちらを先にもってくるか。いくつかの事実・素材からどれを選ぶかという問題がありますね。それらの事実を構成する。その構成によって、一つ一つの事実のもつ意味内容を超える相乗的な意味がもう一つ出てきますね。そのへんの工夫をお聞きしたいと思います。わたしはそれを「虚構性」と言っているんですが、Aの事実とBの事実を組み合わせると、単なるA＋Bではなくて、A×Bみたいな効果を生み出すという、そういう原理がありますね。そういったことをお考えになったことはないですか。

本多　前半のことで、たとえばある説明したい目的がありますね。それを説明するために、取材したABCDたくさんの事実があるわけです。それを全部書けば、もちろん説明はできるけれども、普通はそういうことはありえないわけで……。

西郷　それにちからがなくなりますね。

本多　そうです。どういうふうに選ぶかというと、ＡＢＣＤＥと五つの事実があるとしますと、わたしが普通やるのは、五つの中で最もおもしろい事実。――これを説明するにはＡＢＣＤＥのどれでも同じだけれども、一般の人にとって一番おもしろい……おもしろいという意味は身近だとか、いろいろありますけれども、とにかくＤがおもしろいとすると、Ｄだけをうんとくわしく書くわけです。徹底的にくわしく書く。ということは、具体的に書くことですけれどもね。つまり、狭く深く書く。残ったＡＢＣＥの四つについては、Ｄを補強する形で使うわけです。Ｄのおもしろさを補強する形で。

西郷　同列に扱うわけでなくて、あるどこかに焦点をしぼって深く描くわけですね。

本多　ええ。ただ、Ｄひとつだけの素材では読む人が危惧を抱く。これだけのことでこの結論を出すのは一方的ではないかと。それを補強するためにこういうこともあるんだよとして、ＡＢＣＥにもかんたんに触れる。全体で一〇〇の説明をするとしたら、その内容の八〇は一つのことだけ書く。残りの二〇で四つのものを軽く書く。そうすれば、この場合の欠点を補えるわけですね。

西郷　その方法はよくわかります。今までの作文指導でも、貴重な遺産としてつくり出されてきた方法です。いま本多さんがおっしゃったのは、あるテーマである素材を深く掘り下げていって、それを補強するように。言ってみればそれは反復の方法だと思うのです。それをわたしは「変化を伴って発展する反復」と言うんですがね。あとから補強される例は、中心になるものと同質のものでしょう。だからある意味で反復ですが、変化を伴った反復。これは強調の方法ですね。表現方法のうえで「変化を伴って発展する反復」と規定するんですが、そういう方法だと思います。そのなかで一つに焦点をしぼるのは、非常におもしろい発想だと思いますね。

もう一つは、コントラストの方法がありますね。ほんとうは「白」と言いたい場合に、それに対して「黒」をもってきて、「白」を一層強く読者にアピールする例のとり方がありますね。本多さんのルポを見ていても、そういった例はありますね。エスキモーなりニューギニアのある事実を語るときに、それを日本のある類似の事実と対比させ、そのことではっきりわからせるという方法もとっておられますね。あのへんはわかりがいいし、おもしろいんです。エスキモーのことがわかるだけでなくて、逆照射して、日本の自分たちの生活の問題が照らし出されてくる。対比には、そういうことがありますね。

それから、ある事実を並べる。AにはAの、BにはBの意味がありますね。そういう意味を二つ掛け合わせることで、それぞれの意味を超えたもの、読者がそこから第三の意味を生み出すというか、つかむというか。文章の中には直接には書かれていないけれども。そういう方法が文芸作品にはあるわけですね。そういった原理がルポルタージュにないのだろうかということですが。しかし、これは誤解を生む原理でもあるわけですが。

◉ルポルタージュの性格

本多　虚構の場合、そうですね。しかしルポの場合には、無意識にそういうものがあったかどうかは別として、意識的にやったことはありません。

西郷　一つは、ルポというのは、それ以上でもそれ以下でもなく読んでもらいたいということがあるんじゃないでしょうか。

本多　そうです。

西郷　そのことが土台になっているために、虚構の原理が最初からはいってこないということがあるのかもしれませんね。

本多　筆者の知らないところで読者がいろいろな意味を汲み取ることは、もちろん可能ですが、筆者は意図的にはやっていませんからね。ですから、意図的にやられる小説とか文芸作品とは、そこのところがちがうでしょう。もっとも、そういうルポのライターがいるかもしれませんが、わたしは意図的にはやりません。意図的にやっているルポルタージュをご存じですか。

西郷　そんなに読んでおりませんし、気がつきません。文芸作品の場合、作家はそういう方法を意識的にとるわけですね。お聞きしたかったのは、ルポルタージュでそういう方法が可能かどうかということと、現実に読んだことがないので、そういった方法がむずかしいのか、あるいは避けているのか。

本多　こういうことはありますね。自分は非常によくわかっているけれども、はっきりと書かないことがあります。たとえば政治的な影響とか、オフレコだとか、いろいろな意味で書いてはまずいと。だけど、読者が読めばある程度推察できるように、ちょっと抑えて書く。これは意味が少しちがいますが。

西郷　寓話にはそういう発想がありますね、ロシアでいえば、エカテリーナ二世のものすごい弾圧のなかで……。

本多　今でもモスクワによくあるアネクドート（小話）ですか。

西郷　さすがによくご存じですね。

本多　そういうものもありますが、それはちょっと意味がちがいますね。それから、こういうことがあると思うんです。ベトナムのルポでも意識的にやっていますが、とにかくある事実がありますね。それがなぜそうなのか、自分では推察できるのです。こういうことじゃないかなと思うけれども、しかし証明できない。はっきりこうだと言えない。たぶんこうじゃないかなということはあるんですね。そういう時には、まず事実だけを出します。その事実を見た読者が、ほんとうは自分が推察しているように推察してほしいけれども、それを押しつけてはまずい。実際問題として、そういう推察が正しいかどうかもよくわからないということはありますね。

西郷　ナマのままで素材を提供する。筆者が意味づけしないで。

本多　提供するけれども、しかし、ほんとうの意味の素材ということはありえないことですね、素材を出すこと自体が意味づけですから。しかし、それがどういう意味を持っているか、そこまでは書かない。書かないけれども、自分では意味があるということはあります。

ベトナム（旧・北ベトナム）の例で言いますと、山の中に少数民族がいまして、この省には何族が何人いるとか何パーセントとかいう数字を村の幹部に説明されるわけです。少数民族は厚い保護を受けて人口がふえたと。では事実はどうなんだということで数字の中身を見ますね。この場合一〇年ほど前にも聞いた数字があるわけです。何族が何パーセント、キン族が何パーセントと。キン族というのは狭い意味のベトナム人なんですが。ところが一〇年ほど後に同じ所へ行って――こっちが希望したわけではなくて、観光コースになっているから自然にそうなるんですが——、また何パーセントということを聞かされたわけです。そこで「少数民族が発展してふえた」というふうに中央で聞いたことと比べますと、部族によっては確かにふえたのもいるんですが、減ったのもいる。いろいろあるわけですね。圧倒的にふえたのはキン族なんですよ。では少数民族といっても、相対的にはキン族（ベトナム人）が侵入しているのではないかと言えば言えるわけです。もちろんそんなことは書きませんけれども、そういう事実は出すことができます。しかし、それは虚構の問題とは意味がちがいますからね。

◉書き手と読み手

西郷　本多さんはルポの書き手ですが、読み方について伺ってみたいんですよ。この雑誌の読者である教師、教師が指導する生徒ということを頭に置いてのことですが、教師も生徒もルポを読むわけですね。好きなように読めばいいと言われればそれまでですが、たとえば、こういう読み方をしてもらったら書き手としてありがたいとか、読み手の側の問題はいかがでしょう。

本多　書くということは自分の反映で、何を見ても自分がわかることとしか書けない。

同じことで、読むほうもそうですからね。自分の反映として読む部分がかなりある。「このことを伝えたい」ということをまず受け取ってくれれば、筆者としてはまことにありがたいわけです。その次に、自分の反映として読みますから、自分がそこから何を汲み取るかという分野がありますね。そういう部分が読者に多ければ多いほど筆者としては望外の喜びだということになります。

西郷 本多さん自身は、人のルポを読むときにどんな読み方をされるんですか。もちろん職業意識ということはあるでしょうが。ニューギニアに行くと、ニューギニア関係のものを読まれることはあると思いますが……。

本多 資料として読みます。

西郷 それ以外のことで。

本多 学生のころは純粋に読みましたが、今は、テクニックがあったら盗んでやろうという動機もはいってきて、読み方が不純になりますね（笑い）。

西郷 不純とは思いませんが。

本多 しかし、最大の目的は、その問題について関心があるからでしょうね。

西郷 本多さんの『アラビア遊牧民』を、読者であるぼくが読むときに、なるほどアラビア遊牧民とはこういうものかとか、日本との対比のなかで、日本のことを逆に考えさせられるとか、そういうことがありますね。もう一つ、自分も含めて教師・生徒に、こういう読み方が必要ではないかと思うのですが、ルポの筆者の姿勢といいますか、あるいは、ものの見方といいますか、あるいはそういうものへ迫っていくアプローチのあり方といいますか。それは文章のなかに全部反映しているわけですが、しかし普通は、そこに書かれているものを読みます。描かれている対象について興味を持ち、なるほどそういうものかと読んでいきますね。そこをもう一つ、いま言ったような読み方をしてもらいたいと思うし、自分もそういう読み方をしたいということがあるんですが、その点はどうでしょう。

本多 それは、まったく大賛成としか言いようがありませんね（笑い）。

西郷 では、裏返してお聞きしますが、本多さんは、そういうところを読んでほしいという希望がありますか。それとも、対象について自分が興味を持ったりわかったように、わかってもらいたいという、そっちが主ですか。

本多 基本的には後者ですね。

西郷 自分の対象への迫り方、ある意味ではスタイルですね。そういうものの表現ということはないですか。

本多 それは二次的なものになってきますね。さきほどの風景の例で言えば、この風景は美しいと思った、その美しさを、自分が感じたように読者にも感じられればというのが、最初の最も大きな動機です。ルポも含めて、書かれたものはすべて主張があるというのがわたしの解釈です。俳句でもなんでも。ですから、広い意味の主張を読者に納得してもらうことが第一義です。そのほかにいろいろのことを読者が読みとることは自由ですけれど、主眼はそっちにあります。

西郷　ある詩人たちは、意識的に意図的に詩によって詩論を書くことがありますね。自分は詩というものをこう考えているという主張がありますね。そんな評論を書く書かないにかかわらず、詩自体が「詩とは何ぞや」という主張を具体的に表わしているわけですが、あえて言うと、特に現代詩の詩人たちの中には、自分が考えている詩というもの、詩に対する主張を、悪いことばでいえば実験として、詩によって示すという姿勢がありましょう？　そういう意味のことをお聞きしたかったんですが。

本多　「ルポルタージュ論」みたいなものですね、「詩論」にあたる。

西郷　そういうことですね。もっと言えば、なぜわたしはニューギニアに行くかという問題があると思うのです。社命でということがあるにしても、それは外的な問題ですね。内的な主体的な問題として。主張ですね。

本多　それは突きつめていくと、最後には主義の問題とか、政治的な問題とか、世界観の問題とか、そっちへ行きますね。

西郷　それを訴えたいということがありましょう？

本多　そうでしょうね、いちばん底には。

西郷　対象はアラビアでありニューギニアであっても、一貫した本多さんの思想と言っていいと思うのですが、それを、対象を通して具体的に表現していく問題があるように思います。

本多　それはありますね。ただ、その場合に、広い意味での思想が必ずしも確立されているとはかぎらないわけで、過程でもあるわけですね。まず「論」があって、そういうものから実験的に詩が出てくる意味で、ここでエスキモーを選んだとか、そういうものとはかぎらないんです。そういう場合もありますが、その場合にあたるのは、『中国の旅』がそうです。だけどベトナムは、必ずしもそんなにはっきりしていません。まったくの好奇心もかなりあります。しかし、その結果、自分が対象から考えさせられて、自分が変わる。弁証法的相関関係にあることがありますから、もちろん関係はありますけれども、すべてが計算の結果出てきて選ぶということは、今までは少ない。

◉日本語の作文技術を

西郷　なぜこういうことを申し上げたかというと、わたしの場合は教育の立場に立っているわけですね。ルポが教材として扱われる立場で考えているわけですが、『カナダ＝エスキモー』を中学なり高校でとりあげるとしますと、「カナダ＝エスキモー」とはこういうものであるかということで、おもしろく、しかも、なるほどとわかるところで終る。たかだかそれについて自分の感想を述べ、日本と比べて、いろいろ考えさせられたということで終りがちなんですね。ぼくは、そこにもう一つ、この筆者がどういうふうに文章化していったか。タイトルから、書き出し、例のとり方、比喩のとり方、文末の処理の仕方、そういう表現法を学ぶということです。さらにもう一つ突っ込んだところで筆者の対象にかかわっていく姿勢といいますか、思想といいますか、記録を通して読みとれるものがありますね。対象にかかわっていく姿勢ですね。ある意味では筆者の生きざまと言ってもいいと思うのです。筆者の側で、意識的に自分の主張を表明する一つの手段としてのルポということもありますね。また、筆者が自分の主張をルポという形式で表わしていなくても、結果的に読者から見て筆者の主張が読みとれるということは当然あるわけですね。さきほど本多さんが、すべての文章には筆者の主張があると言われたように。そういうものをつかむ、そういうものと対話する。そこの問題を考えているものですから。

本多 そこまでいくのが、最も理想だと思いますね。『カナダ＝エスキモー』の場合、文化人類学でいえば常識であっても一般の人の常識になっていないのが、「文化の相対性」みたいなものですね。それが非常に重要なテーマだと思います。文化というのは相対的なものであって、どちらの文化が高くてどちらの文化が低いということはない。民族についてもそうですが。

西郷 そういう主張が、本多さんにすでにあるわけですね、取材の段階でも執筆の段階でも。わたしもこれを読ませていただいて、そういうものを結果として受け取るわけですが、それをもっと意識的に、そういうものとして読みとりたいということですね。

本多 そういう意味では、まだ不完全なんです。それをするための作業をしなければならなかったんですが、この時はかけだし記者のころですから。

西郷 おいくつぐらいの時ですか。

本多 一九六三年ですから、三〇前後です。

西郷 血気さかんなころですね。その段階で、文化というものは相対的なものだということをお持ちになっていたわけですね。

本多　文化人類学では常識ですから、知識としてはありました。学生の時にヒマラヤに行っていますから、異民族に接したことはありますけれども、ほんとうに接したというのはエスキモーが最初ですから、それを体験的に痛感したということです。

西郷　ついでにもう一つお伺いしますが、文化というのは相対的なものだという、これは一つの観点ですね。そういう観点でエスキモーを取材されたとき、そのことしか見えないということは起こりませんか。

本多　そういうことはないと思います。

西郷　それ以外の事実は目にはいらないとか、目にはいっても意識的に受けとめないとか。

本多　知識としてあっても、それを調べようと思って行っているわけではありませんから。つまり、対象はトータルな意味で異民族というものですから、それと全的にぶつかりたいと。

西郷　『カナダ＝エスキモー』を読ませていただいた素朴な印象のなかで、そういう状態だったからよかったのではないかという感じがするんですよ。ぼくにはトータルに見えるんですよ、この世界が。かりに「文化というのは相対的なのだ、そのことをわたしは証明するのだ、主張するのだ」という、強烈な観点で——悪くいえば固定した観点ですね。そういう観点を持つことを悪いとは思いませんけれども、むしろ必要だと思うのですが、えてして、そういう観点ではいって行くと、そこしか見えないし、取材の段階でもそこだけが出てくるし……。

本多　教条主義的になるということですね。

西郷　まして執筆の段階では、それ以外のところが落ちていくことがありますね。これは、研究者の悪いところとしてあると思うのです。わたしは文芸学を専門にしているんですが、たとえば、ある仮説を持ちます。理論というのは仮説から始まりますね。仮説なのだということを心得ていても、いろいろな作品を見ますと、仮説に合うものを取り上げようとする。合わないのは捨てようとする意識があるんですね。

本多　これは、ルポで最も気をつけないといけないことです。たとえば、政治的対立のあるものをルポする。ベトナムがそうですね。そういうときに最も注意しないといけない。エスキモーの場合は比較的表面に出てこないのですが、一例をあげますと、解放戦線は規律が高いと。これは確かな事実です。汚職なんかしませんから。ところがサイゴンが陥落して、今まで隠れていた解放戦線が政権につくわけですね。今の役人は、みんな元解放戦線ですからね。理屈からいえば、汚職はしないはずなんです（笑い）。事実、前はそうだった。だから今も、しても例外的なもので一時的なものの「はず」なんですね。だけど実際はどうかといえば、ものすごい汚職が発生するわけなんですよ。それを私は書いたわけです。猛烈だ、前よりひどいと。規模はロッキード事件みたいなことはないにしても、上から下まで汚職のかたまりみたいにほとんど全員やっていると書いたら、反響が多いんですね。もっと長い目で見るべきだとか、反動になったのではないかとか（笑い）、左翼からの攻撃がありますし、右翼は右翼で、それ見ろ、あたりまえだ（笑い）。人間なら必ずそうだ。革命に幻想なんか持てるかと言ってくるんですね。それはどちらもおかしいと思うんです。前は事実なかった、だけど今度あるんだ。そのこと自体を疑ってもしょうがないし、事実なんだから、それをもとに考えればいいわけでしょう。ところが、あっても「ないはず」だから書かないというのは、これはだめです。

西郷　しかし一般にそういうこだわりを持ちがちですね。わたしたち研究者の自戒のことばとしてあるんですが、自分の仮説を立てたときには、その仮説を否定するような事実をあえてとりあげていく。それによって、自分の仮説をより高い次元で組み直す。それをも包み込む論理があるはずだと。

本多　それがほんとうの意味の弁証法のはずですね。

西郷　そう思いますね。ソビエトの革命後も、やっぱりそうです。革命後それぞれの要職に就きましたでしょう。官僚になるわけですよ。人間がポストを持った時に、官僚そのものが生み出す組織的な悪が人間を腐敗させていきますね。レーニンが言っているように、それからがほんとうの革命だと。人間の革命ですね。どんな革命だって、革命が成り立てば全部腐敗するんだという一般論は信じないですが、そういう危険性をはらんでいることは事実ですね。ベトナムの場合も官僚機構ができあがったわけでしょう？　そうすると、ビュロクラチズムがはびこってきます。それとどうたたかうかが課題でなければいけないわけですね。

本多　事実、官僚主義や汚職と戦っているんです。事実やっているんだから、ないとは言えないわけですよ（笑い）。

西郷　エスキモーという対象があったということもあるかもしれませんが、本多さんとしては、いろいろな仮説をご自分で持っておられたと思うんですよ。文化人類学的な、文化というのは相対的なものだとか、いろいろあったと思いますが、自分の仮説で整理するのではなく、非常にナイーブな精神で風土と人間にじかに接して、好奇心のかたまりと言っていいほど多様に多面的に、こうなんだと。そういういきしたものを『カナダ＝エスキモー』に感じるんですよ。これが、文化人類学者のルポだと、こういうふうになったかどうかと思うのです。というのは、研究者、学者、政治家もそうですが、強烈な仮説を持っていますね。そして、仮説の実証という形で乗り込んで行きますでしょう。調査といっても……。

本多　ある科学的視点による調査ですね。いわば演繹的であって、帰納的ではない。

西郷　そうですね。自分も研究者の端くれですが、そういうこだわりを持ちやすい。自分の理論を人から批判される前に、自分で批判していくぐらいのつもりでいたいと思っているんですがね。話があっちへ飛びこっちへ飛びしてしまって恐縮でした。いつかまた機会を与えられましたら、今度はぼくが聞きたいことを心ゆくまで伺いたいと思っております。きょうはどうもありがとうございました。

（季刊『文芸教育』第二四号＝一九七八年秋）

〔注〕「エスキモー」は最近のカナダでは差別語とされ、「イニュイ民族」と呼んでいるが、この問題は単純ではなく、アラスカでは「イニュイ」とは自称しない。これについては『週刊金曜日』一九九四年一月二八日号の拙文「『エスキモー』か『イヌイ』か『イヌイット』か『イニュイ』か」参照。

文庫版あとがき

この文庫版に収録された各章は、それぞれ別の時と場で書かれたものなので、各章の最後に出所が示されています。これらのうち前編の第二章から第五章までと付録は、単行本『わかりやすい文章のために』(すずさわ書店・一九八一年=絶版)に収録されたことがあるほか、ほかの章も『貧困なる精神』シリーズ(朝日新聞社・毎日新聞社・すずさわ書店)などにかつて収録されたものである点、おことわりしておきます。

日本語を「非論理的」だの「特殊」だの「非文法的言語」(森有正)だのといった妄《ぼう》言《げん》で自虐的に侮蔑する非論理的〝学者〟は、『日本語の作文技術』の講義をした二〇年前にくらべるとさすがに目立たなくなったようです。しかし日本語教育の現場たる小・中学校の「国語」の時間では、はたしてどれほどの変化があるでしょうか。子供たちには作文の「喜び」を学ばせるより「嫌わせる」方法が相変らずだし、文章をわかりやすくするための指導など、今なおほとんど絶無ではないかと推察します。ごく一部の先生が個人的に熱心にすすめているだけでしょう。西郷竹彦氏との対話を付録に加えたゆえんです。

基本的に、文部省をはじめとする日本の体制側には、「わかりやすい」ことに対して鈍感なばかりか、「わかりにくい」ことを恥じる気配がなく、いや時として「わかりやすい」ことを低級とみるような心理さえ潜在しているかにみえます。「複雑な、あるいはむずかしいことを分りやすく表現する」ことこそ最も高度な〝技術〟を要するのですが、義務教育の課程でその種のことが一切無視されているのでは、本書で分析したような絶望的判決文を書いて恥じぬ裁判官が珍しくないのも当然でしょう。日本語自体がいくら論理的でも、「より論理的に」すなわち「わかりやすく」する努力がなされていない点では、残念ながら欧米諸国におくれをとっていることを認めざるをえないと思います。

一九九四年六月一四日（香港《ホンコン》にて）

〈第6刷からの追記〉　一九九六年に刊行された「本多勝一集」第19巻『日本語の

本書『実戦・日本語の作文技術』(朝日新聞社)は、文庫版の『日本語の作文技術』を基本とし、本書『実戦・日本語の作文技術』の前編を解体して関係各章に分配・統一したものです。ほかに『週刊金曜日』の44・45・46号に連載した「文章はリクツである」も同様に解体・分配してあります。また本書の後編八章のほか、関連する論考なども収録されています。

本多勝一（ほんだ=かついち）
1931年、信州・伊那谷生まれ。
朝日新聞編集委員を経て『週刊金曜日』編集委員。
著書　『旅立ちの記』（「本多勝一集」第２巻=朝日新聞社）
『知床半島』（同第６巻=同）
『ソビエト最後の日々』（同第30巻=同）
『非常事態のイラクを行く』（貧困なる精神・Ｑ集=同）
『「真珠湾」からイラクまで』（同Ｓ集=同）
『石原慎太郎の人生』（同Ｎ集=同）
『大江健三郎の人生』（同Ｘ集=毎日新聞社）
『アメリカは変ったか？』（「週刊金曜日」別冊ブックレット=ＫＫ金曜日）
『「英語」という〝差別〟「原発」という〝犯罪〟』（貧困なる精神・24集=同）
『逝き去りし人々への想い』（講談社）
『本多勝一の戦争論』（新日本出版社）
『本多勝一の日本論』（同）
『本多勝一、探検的人生を語る』（同）

〈新版《しんぱん》〉実戦《じっせん》・日本語《にほんご》の作文《さくぶん》技術《ぎじゅつ》　朝日文庫

2019年４月30日　第１刷発行
2024年３月30日　第２刷発行

著　者　本《ほん》多《だ》勝《かつ》一《いち》

発行者　宇都宮健太朗
発行所　朝日新聞出版
〒104-8011　東京都中央区築地5-3-2
電話　03-5541-8832（編集）
03-5540-7793（販売）
印刷製本　大日本印刷株式会社

ISBN978-4-02-261964-8
落丁・乱丁の場合は弊社業務部（電話03-5540-7800）へご連絡ください。
送料弊社負担にてお取り替えいたします。